초등 자본주의 학교

저자 김상규

한국경제교육학회 회장, KDI 경제모니터전문가위원, 중등 임용고시 출제위원, 교과용 도서 검정심의회 심의위원장(고등학교 통합사회), 관세직시험 출제위원, 교과용 도서 검정위원, 국정도서 심의위원, 고용노동부 지역일자리 컨설팅 위원 등을 맡아 왔어요. 현재는 대구교육대학교 사회교육과 명예교수(경제학 박사), 유튜브 '동요 경제'와 '유행가 경제' 방송, 수필가로 활동하고 있어요. 다년간 텔레비전(KBS, MBC, EBS, TBC) 및 라디오(KBS, SBS, CBS, 국립국악원, 서울·대구교통방송)에 출연하여 〈책, 내게로 오다!〉, 〈속담으로 풀어본 생활경제〉, 〈우리 아이 경제교육 어떻게 하면 좋을까?〉 등의 주제로 방송도 해왔어요. 대한민국 경제교육대상, 황조근정훈장을 받았어요.

저서로는 『생각학교 초등 경제 교과서(개정판: 제1권 시장 경제, 제2권 기업과 기업가 정신, 제3권 돈의 흐름, 제4권 정부의 경제 활동, 제5권 지구촌 경제)』, 『속담 먹고 경제 잡고』, 『왜 세상에는 가난한 사람과 부자가 있을까요』, 『캥거루족, 주머니에서 탈출』(한국출판문화산업진흥원 2016년 우수출판 콘텐츠 선정작, 청소년 추천도서), 『군자의 경제』(한국출판문화산업진흥원 2017년 우수출판 콘텐츠 선정작), 『민요와 경제학의 만남』(한국연구재단 인문저술 출판지원 도서) 등이 있어요.

초등 자본주의 학교 1 부와 금융

초판 1쇄 인쇄 2023년 2월 17일
초판 1쇄 발행 2023년 3월 2일

지은이 김상규
발행인 박효상
편집장 김현
기획·편집 장경희, 김효정
디자인 임정현
마케팅 이태호, 이전희
관리 김태옥
편집 진행 최주연
조판 조영라
삽화 조에스더

종이 월드페이퍼 **인쇄·제본** 예림인쇄·바인딩

출판등록 제10-1835호 **발행처** 사람in **주소** 04034 서울시 마포구 양화로 11길 14-10 (서교동) 3F
전화 02) 338-3555(代) **팩스** 02) 338-3545 **E-mail** saramin@netsgo.com
Website www.saramin.com

책값은 뒤표지에 있습니다.
파본은 바꾸어 드립니다.

ⓒ 김상규 2023

ISBN 978-89-6049-991-1 74320
      978-89-6049-990-4 (set)

어린이제품안전특별법에 의한 제품표시

제조자명 사람in	전화번호 02-338-3555
제조국명 대한민국	주 소 서울시 마포구 양화로 11길 14-10 3층
사용연령 5세 이상 어린이 제품	

우아한 지적만보, 기민한 실사구시 사람in

초등 자본주의 학교

① 부와 금융

김상규 교수(경제학 박사) 글

부는 금융을 아는 사람에게 찾아가요

 유대인의 부자 비법
 억만장자 되기
 종잣돈 모으기
 현명하게 돈 쓰기

초등 자본주의 학교는?

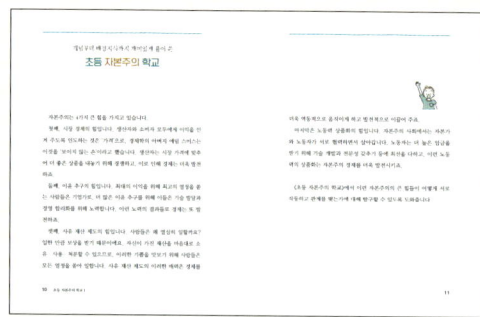

① 책 소개
이 책의 기획 의도가 무엇인지 저자가 직접 설명해 줘요.

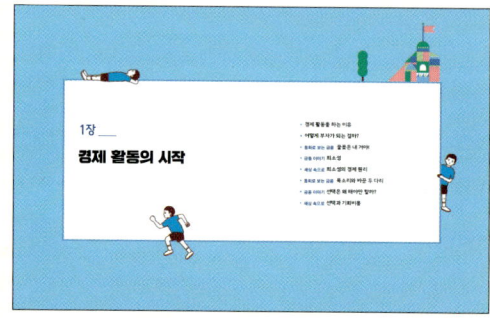

② 주제 소개
이 장에서 어떤 내용을 배울지 알려 줘요.

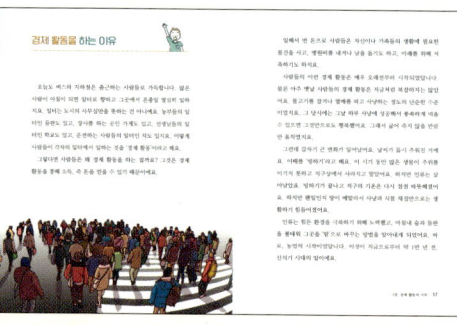

③ 주제 자세히 알기
각 장의 주제에 관련된 이야기를 세분화해서 경제생활에 꼭 필요한 내용을 자세히 설명해 줘요.

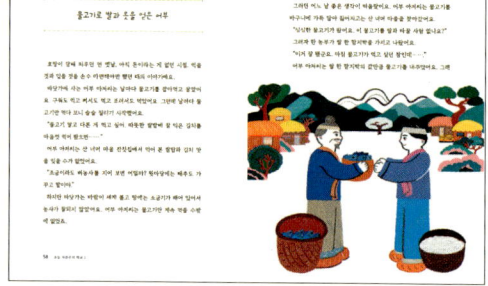

④ 동화로 보는 금융
우리 생활 속에서 있을 법한 금융 관련 이야기들을 동화로 구성했어요.

⑤ 금융 이야기
동화 속에 어떤 금융 관련 이야기가 담겨 있는지 알려 주고, 각 장에서 다루려는 주제를 짚어 줘요.

⑥ 세상 속으로
신문, 방송, 일상생활 속에서 접하는 이야기 중에서 각 주제와 연결된 금융 이야기를 풀어내요.

⑦ 궁금해요!
각 장에서 다룬 내용 중에서 더 알아보고 싶거나 궁금해할 만한 질문을 살펴보고, 그에 대한 답까지 알려 줘요.

⑧ 쏙쏙! 금융 용어
본문에서 다룬 내용에서 중요한 용어들을 다시 한번 정리했어요.

초등 자본주의 학교

1권 부와 금융

차례

1장 | 경제 활동의 시작

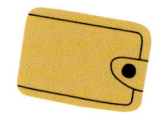

경제 활동을 하는 이유 • 16
어떻게 부자가 되는 걸까? • 19
`동화로 보는 금융` 꿀꽃은 내 거야! • 23
`금융 이야기` 희소성 • 25
`세상 속으로` 희소성의 경제 원리 • 27
`동화로 보는 금융` 목소리와 바꾼 두 다리 • 29
`금융 이야기` 선택은 왜 해야만 할까? • 32
`세상 속으로` 선택과 기회비용 • 33

2장 | 부자 되기 비법과 경제 마인드

유대인의 부자 되기 비법 • 38

부자가 되기 위한 경제 마인드 • 46

3장 | 돈과 금융

돈과 금융 생활 • 52

`동화로 보는 금융` 물고기로 쌀과 옷을 얻은 어부 • 58

`금융 이야기` 물물 교환과 돈 • 61

`세상 속으로` 물물 교환의 장점과 직업 • 62

`궁금해요!` 돈의 이모저모 Q&A • 64

돈의 기능 • 68

4장 | 돈과 인간

돈과 인간 생활 • 78

돈의 마음을 읽지 못한 사람들 • 84

5장 | 사업과 기업 경영

- `동화로 보는 금융` 빌린 종잣돈 일만 냥으로 큰돈을 번 허생 • 94
- `금융 이야기` 종잣돈은 사업에 필수! • 97
- `세상 속으로` 자본과 투자 • 98
- `동화로 보는 금융` 강아지를 돌보는 사업 • 100
- 사업이란? • 102
- `동화로 보는 금융` 아기 다람쥐 약값 마련 프로젝트 • 106
- `금융 이야기` 기업의 시작 • 109
- `세상 속으로` 기업 경영 • 110
- 속담으로 배우는 돈 버는 방법 • 113

6장 | 억만장자가 되고 싶어요

- 백만장자와 억만장자의 차이점 • 118
- 억만장자가 되는 비법 • 120
- 억만장자와 일반인의 차이점 • 123

7장 | 주식

주식이란? • 132

주식 거래가 필요한 이유 • 134

돈을 버는 주식 투자 • 136

동화로 보는 금융 붕붕이네 벌꿀 파이 가게 • 139

금융 이야기 주가가 오르면 • 144

세상 속으로 주식 시장 • 146

8장 | 돈 쓰는 방법

부자가 되는 돈 잘 쓰는 방법 • 150

부자가 되는 길 • 152

돈을 쓸 때 주의할 점 • 155

속담으로 배우는 돈 쓰는 지혜 • 161

쏙쏙! 금융 용어 • 164

참고 문헌 • 167

개념부터 배경지식까지 재미있게 풀어 쓴
초등 자본주의 학교

자본주의는 4가지 큰 힘을 가지고 있습니다.

첫째, 시장 경제의 힘입니다. 생산자와 소비자 모두에게 이익을 안겨 주도록 인도하는 것은 '가격'으로, 경제학의 아버지 애덤 스미스는 이것을 '보이지 않는 손'이라고 했습니다. 생산자는 시장 가격에 맞추어 더 좋은 상품을 내놓기 위해 경쟁하고, 이로 인해 경제는 더욱 발전하죠.

둘째, 이윤 추구의 힘입니다. 최대의 이익을 위해 최고의 열정을 쏟는 사람들은 기업가로, 더 많은 이윤 추구를 위해 이들은 기술 발달과 경영 합리화를 위해 노력합니다. 이런 노력의 결과들로 경제는 또 발전하죠.

셋째, 사유 재산 제도의 힘입니다. 사람들은 왜 열심히 일할까요? 일한 만큼 보상을 받기 때문이에요. 자신이 가진 재산을 마음대로 소유·사용·처분할 수 있으므로, 이러한 기쁨을 맛보기 위해 사람들은 모든 열정을 쏟아 일합니다. 사유 재산 제도의 이러한 매력은 경제를

더욱 역동적으로 움직이게 하고 발전적으로 이끌어 주죠.

　마지막은 노동력 상품화의 힘입니다. 자본주의 사회에서는 자본가와 노동자가 서로 협력하면서 살아갑니다. 노동자는 더 높은 임금을 받기 위해 기술 개발과 전문성 갖추기 등에 최선을 다하고, 이런 노동력의 상품화는 자본주의 경제를 더욱 발전시키죠.

　《초등 자본주의 학교》에서 이런 자본주의의 큰 힘들이 어떻게 서로 작동하고 관계를 맺는가에 대해 탐구할 수 있도록 도와줍니다.

억만장자가 되고 싶어!
부와 금융

2천여 년 동안 나라 없는 설움을 겪으며 살아 온 유대 민족은 세계 최우수 민족, 세계 최고 부자 민족으로 칭찬받고 있어요. 무엇이 그들을 그렇게 만들었을까요? 그것은 바로 아이 때부터 돈을 존중하도록 키우는 유대 민족의 문화 때문이랍니다. 이런 유대인들의 부자 되기 비법, 억만장자가 되는 방법 등이 『부와 금융』편의 중요한 내용이에요.

이 책을 통해 여러분들도 유대인처럼 생각하고 그들의 부자 되기 방식을 익히고 따라 해 보면 자신도 모르게 그들을 닮아 부자가 되고 억만장자가 될 수도 있을 거예요.

『부와 금융』편에서는 '경제 활동의 시작', '돈과 금융 생활', '돈과 인간', '사업과 기업 경영', '억만장자가 되고 싶어', '돈을 버는 주식 투자', '돈 쓰는 방법' 등에 대해 알려 줄 거예요. 각각의 주제마다 창작 동화를 제시하여 흥미를 갖도록 했고, 현실 속의 이야기로 경제 세계

를 쉽게 이해하도록 설명했어요. 또, 거기에서 체득된 지식과 지혜의 실천으로 부자와 억만장자가 되도록 자세히 안내하고 있죠.

여러분도 부자가 되고 싶지 않으세요? 억만장자가 되고 싶다고요? 이 책과 친구가 되어 여러분의 꿈을 현실로 바꾸어 보지 않으실래요?

김상규(경제학 박사)

1장

경제 활동의 시작

- 경제 활동을 하는 이유
- 어떻게 부자가 되는 걸까?
- 동화로 보는 금융 꿀꽃은 내 거야!
- 금융 이야기 희소성
- 세상 속으로 희소성의 경제 원리
- 동화로 보는 금융 목소리와 바꾼 두 다리
- 금융 이야기 선택은 왜 해야만 할까?
- 세상 속으로 선택과 기회비용

경제 활동을 하는 이유

 오늘도 버스와 지하철은 출근하는 사람들로 가득합니다. 많은 사람이 아침이 되면 일터로 향하고 그곳에서 온종일 열심히 일하지요. 일터는 도시의 사무실만을 뜻하는 건 아니에요. 농부들의 일터인 들판도 있고, 장사를 하는 곳인 가게도 있고, 선생님들의 일터인 학교도 있고, 운전하는 사람들의 일터인 차도 있지요. 이렇게 사람들이 각자의 일터에서 일하는 것을 '경제 활동'이라고 해요.
 그렇다면 사람들은 왜 경제 활동을 하는 걸까요? 그것은 경제 활동을 통해 소득, 즉 돈을 얻을 수 있기 때문이에요.

일해서 번 돈으로 사람들은 자신이나 가족들의 생활에 필요한 물건을 사고, 병원비를 내거나 남을 돕기도 하고, 미래를 위해 저축하기도 하지요.

사람들의 이런 경제 활동은 매우 오래전부터 시작되었답니다. 물론 아주 옛날 사람들의 경제 활동은 지금처럼 복잡하지는 않았어요. 물고기를 잡거나 열매를 따고 사냥하는 정도의 단순한 수준이었지요. 그 당시에는 그날 하루 사냥에 성공해서 풍족하게 먹을 수 있으면 그것만으로도 행복했어요. 그래서 굶어 죽지 않을 만큼만 움직였지요.

그런데 갑자기 큰 변화가 일어났어요. 날씨가 몹시 추워진 거예요. 이때를 '빙하기'라고 해요. 이 시기 동안 많은 생물이 추위를 이기지 못하고 지구상에서 사라지고 말았어요. 하지만 인류는 살아남았죠. 빙하기가 끝나고 지구의 기온은 다시 점점 따뜻해졌어요. 하지만 왠일인지 땅이 메말라서 사냥과 식물 채집만으로는 생활하기 힘들어졌어요.

인류는 힘든 환경을 극복하기 위해 노력했고, 마침내 숲과 들판을 불태워 그곳을 '밭'으로 바꾸는 방법을 알아내게 되었어요. 바로, 농업의 시작이었답니다. 이것이 지금으로부터 약 1만 년 전, 신석기 시대의 일이에요.

농사를 짓기 시작하면서 사람들의 생활 방식에는 큰 변화가 일어났어요. 먼저, 사냥을 위해 이곳저곳 떠돌아다니던 생활을 그만두고 심어 놓은 곡식이 다 자랄 때까지 그 옆에 모여 살게 되었어요. 그러다 보니 인구도 크게 늘어 부족 사회를 이루게 되었지요. 또, 가축으로 말이나 소, 염소, 양, 돼지를 기르기 시작했어요.

만약 인류가 계속해서 열매를 따고 사냥만 하고 살았다면 아마 문명은 발전하지 못했을 거예요. 하루하루 먹고살기에 바빠서 그날 먹을 음식을 얻은 것만으로도 만족했을 테니까요. 그러나 농사를 짓게 되면서 인류는 메마른 토지를 개간해 밭으로 바꾸는 노력을 기울였고, 물길을 만들었고, 제방을 쌓기 위해 궁리했고, 어떻게 하면 수확을 늘릴 수 있을지 고민했어요. 덕분에 과학 기술도 크게 발전했지요. 그래서 우리는 이것을 '농업 혁명'이라고 불러요. 혁명이라고 부를 정도의 큰 변화였거든요. 이런 의미에서 농업 혁명은 인류의 본격적인 경제 활동의 시작이었답니다.

어떻게 부자가 되는 걸까?

　경제 활동을 시작한 이래 사람들은 어떻게 하면 많은 것을 가질 수 있을까 끊임없이 고민해 왔어요. 다른 사람보다 더 잘 살고 싶은 마음은 인간의 본능이기도 하니까요. 여기서 많은 것이란 돈뿐 아니라 건물이나 땅과 같은 부동산일 수도 있어요. 우리는 이것을 '부'라고 하거나 '자본'이라고 불러요. 그리고 자본을 많이 가진 사람을 부자라고 하죠.

　그렇다면 과연 사람들이 부를 창출하는데 필요한 것은 무엇일까요? 여러 가지 요소가 있지만 가장 중요한 것은 인간의 합리성과 창의력이에요. 부는 결국 새롭고 혁신적인 제품을 만들어서 많은 사람이 그것을 사는 것이 합리적이라고 생각하게 만드는 것에서 시작되니까요.

　예를 들어, 우리가 입는 바지를 생각해 보세요. 수많은 바지 디자이너들은 과연 어떤 디자인으로 바지를 만들어야 편안하면서도 멋지게 보이고, 사람들이 많이 살 것인지 고민하겠지요? 그리고 오랜 고민 끝에 나온 창의적인 디자인으로 바지를 만들 거예요. 그 바지는 백화점이나 상점에서 팔리지요. 소비자들은 상점에 걸린 수많은 바지 중에서 자기 마음에 드는 바지를 살 거고요. 만약 어느 의류 회사에서 만든 바지가 날개 돋친 듯 많이 팔린다면 그 회사는 돈을 많이 벌게 되겠지요. 즉, 부를 쌓게 되는 거예요.

어떤 일을 훌륭하게 해내는 솜씨는 매우 중요해요. 우리는 그것을 기술이라고 하는데, 기술은 경제가 성장하는 데 없어서는 안 될 중요한 요소예요. 앞의 경우처럼 바지가 많이 팔리기 위해서는 디자이너의 기술도 필요하고, 잘 판매하는 기술도 필요해요.

그렇다면 역사 속에서 가장 주목받는 기술로는 어떤 것이 있을까요? 그것은 아마 1750년경 산업 혁명을 몰고 온 방적 기술일

수력 발전 방식을 이용한 아크라이트의 방적기
(Morio, CC BY-SA 3.0 <http://creativecommons.org/licenses/by-sa/3.0/>, via Wikimedia Commons)

거예요. 리처드 아크라이트Sir Richard Arkwright라는 사람은 18세기 산업 혁명 기간에 수력을 이용해 실을 대량으로 뽑을 수 있는 기계, 즉 방적기를 발명했어요. 이 기계가 생긴 뒤부터는 커다란 공장에서 값싸고 품질 좋은 면실을 많이 뽑아낼 수 있었어요. 그리고 이 실로 훨씬 빨리, 훨씬 많은 옷감을 만들 수 있었죠. 덕분에 면직물 산업이 크게 발전했고, 사람들은 전보다 싼값에 옷을 사 입을 수 있었답니다. 기술의 혁신은 이렇게 사람들의 생활을 바꾸어 놓았어요.

여러분은 컴퓨터가 없는 세상을 상상할 수 있나요? 하지만 컴퓨터가 발명된 것은 그리 오래전이 아니에요. 인터넷과 스마트폰도 마찬가지예요. 세상에 나온 지 얼마 되지 않았지만 사람들은 어느새 인터넷으로 쇼핑을 하고, 친구와 이야기를 나누고, 온라인 동영

상으로 공부도 하게 되었어요.

자동차나 각종 전자 제품을 만드는 기술, 건물을 짓는 방식도 기술의 혁신을 통해 엄청난 발전을 이루었지요. 그리고 이러한 기술을 개발한 사람이나 회사는 큰 부를 가지게 되었어요.

대표적인 인물로는 자동차를 저렴하게 생산할 수 있는 시스템을 발명한 헨리 포드Henry Ford, 발명왕이었던 토머스 에디슨Thomas Alva Edison, 컴퓨터의 황제 빌 게이츠Bill Gates, 고객 중심주의로 아이폰을 개발한 스티브 잡스Steve Jobs, 세계 최고의 갑부가 된 '아마존닷컴'의 제프 베이조스Jeff Bezos, '테슬라'의 최고경영자 일론 머스크Elon Musk를 들 수 있지요.

꿀꽃은 내 거야!

맑게 갠 봄날, 귀여운 벌새 한 마리가 꿀꽃을 찾아 나섰어요. 배고픈 꿀벌과 보랏빛 나비도 꿀꽃을 찾아 금빛 햇살 속을 날아올랐어요.

"아이참, 내가 좋아하는 꿀꽃은 어디 있는 거야?"

"글쎄 말이야, 빨리 꿀꽃을 찾아야 할 텐데……."

"배가 고파서 눈앞이 어질어질해."

"미루나무 언덕으로 가 보자. 그곳엔 꽃이 많으니까 분명 꿀꽃도 있을 거야."

세 친구는 앞서거니 뒤서거니 하면서 사이좋게 미루나무 언덕으로 날아갔어요.

언덕은 온통 예쁜 꽃들로 가득했어요. 진달래, 개나리, 붓꽃, 제비꽃…….

"어, 저기 꿀꽃도 있네!"

세 친구는 입이 함박만 하게 벌어졌어요.

하지만 기쁨도 잠시, 세 친구의 입은 금방 다물어졌어요. 글쎄, 꿀꽃이 딱 한 송이밖에 없지 뭐예요.

벌새가 뾰족한 부리를 휘저으며 말했어요.

"미루나무 언덕에는 내가 오자고 했으니까 저 꿀꽃은 내 거야!"

그러자 나비가 보랏빛 날개를 팔랑거리며 따졌어요.

"흥, 먼저 찾아낸 게 누군데? 저 꿀꽃은 내 거라고."

꿀벌도 가만히 있지 않았어요.

"사실 저 꿀꽃은 내가 며칠 전부터 점찍어 두었던 거야. 그러니까 내 거지."

세 친구는 꿀꽃이 제 것이라고 서로 우겼어요. 해가 지고 별이 뜰 때까지 세 친구의 싸움은 끝나지 않았답니다.

희소성

언제나 맛있는 음식을 먹고 싶고, 예쁘고 고급스러운 옷을 입고 싶어요. 넓은 집과 멋진 자동차, 새 컴퓨터, 아름다운 예술품도 가지고 싶고, 그리고 또……! 사람들의 욕심은 끝이 없어요. 그런데 이런 욕심을 다 채우면서 살 수 있을까요?

〈꿀꽃은 내 거야!〉 동화에서 벌새와 나비, 벌은 맛있는 꿀꽃을 서로 먹겠다고 다투었어요. 벌새와 나비, 벌은 친구였지만 그들 가운데 아무도 양보하려고 하지 않아서 별이 뜰 때까지 싸웠습니다. 왜냐하면 꿀꽃이 딱 한 송이밖에 없었기 때문이지요.

반짝반짝 빛나는 다이아몬드나 사파이어 같은 보석은 값이 아주 비싸지요? 원하는 사람들이 모두 탐을 내는데도 세상에 조금밖에 없기 때문이랍니다. 많은 사람이 골고루 가질 수 없으니 그만큼 귀해지는 거지요. 이 세상 사람들의 욕심과 필요는 끝이 없는데 그것을 채워 줄 자원은 한정되어 있어요.

1장. 경제 활동의 시작 25

이처럼 사람들의 끝없는 욕망과 제한된 자원으로 인해 갈등이 일어나는 것은 '희소성scarcity' 때문이에요. 희소성이란 '드물다'라는 한자 '희稀'와 '적다'라는 한자 '소小'가 합쳐져 만들어진 말이에요. 즉, 인간의 소유 욕구에 비해 그 양이나 질이 '드물고 적다'라는 뜻이지요. 경제와 관련된 모든 문제는 바로 이 희소성에서 시작됩니다. 모든 경제 행위는 사람의 욕망에 비해 자원이 한정되어 있기 때문에 발생하는 거예요. 즉, 희소성의 문제를 어떻게 하면 합리적으로 해결할 수 있을까 고민할 때 경제 행위를 하게 되는 것이지요.

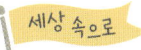

희소성의 경제 원리

경제와 관련된 모든 문제가 희소성에서 시작된다는 점에 대해 좀 더 생각해 볼까요?

학교에서 친구들과 함께 벼룩시장을 연다고 생각해 봐요. 대부분은 문구점에서 쉽게 구할 수 있는 장난감과 인형을 가지고 왔는데, 한 친구가 우리나라에서 구하기 힘든 로봇 장난감을 가지고 왔다면 어떨까요? 그럼 이것을 사려고 서로 아우성치다 점점 그 로봇 장난감의 가격이 올라가겠지요? 왜냐하면 그 장난감은 하나밖에 없는데 사려는 친구들은 많을테니까요. 바로 여기에 희소성의 경제 원리가 숨어 있습니다.

그렇다면 양이 거의 무한정인 공기나 물은 어떨까요? 희소성의 원리에 따르면 물은 거의 무한정이니 공짜로 마셔야 하지 않을까요? 그런데 요즘에는 대부분 마트에서 생수를 사서 먹지요. 불과 몇십 년 전만 해도 물에 가격을 매긴다는 것은 상상

1장. 경제 활동의 시작 27

할 수도 없는 일이었는데 말이지요. 혹시 물의 양이 준 것일까요? 네, 어느 정도는 맞는 말입니다. 정확히 말하면 수질 오염과 지구 온난화 때문에 사람들이 마실 수 있는 맑은 물의 양이 줄어든 것이지요. 예전에 비해 '맑은 물'이 희소해진 거예요.

찾는 사람이 많아지면 값이 비싸지는 것도 같은 원리입니다. 추운 겨울에는 여름보다 털외투 값이 비싸지고, 반대로 여름에는 많이 싸져요. 겨울에는 털외투를 찾는 사람이 많고 여름에는 적기 때문이에요. 그러니 털외투를 싸게 사려면 여름에 사는 게 더 좋겠지요. 하지만 여름에 털외투를 산다고 문제가 다 해결되는 건 아니에요. 늘 새로운 것을 추구하는 사람들의 욕심과 인구 증가에 따른 필요 역시 늘어남에 따라 해당 물건이 필요한 시기를 피해 구매한다는 것은 어쨌든 한계가 있기 마련입니다. 사람들의 욕심과 필요는 끝이 없는데 지구가 가진 건 너무 적거든요.

지금도 사람들은 지구의 한정된 자원을 어떻게 하면 효율적으로 이용해 많은 것을 만들어 낼까 고민하고 있답니다. 지금 우리 시대에는 정보와 지식에 대한 욕구가 분출하고 있어요. 이것은 바로 정보 혁명과 지식 혁명을 탄생시켰습니다. 결국 희소성은 문명 탄생의 궁극적 계기이며, 문명 발달의 원동력이지요. 이처럼 경제 활동이란 한정된 자원을 많은 사람이 누릴 수 있게 한다는 점에서 어떤 마법보다 놀랍고 고마운 마법이랍니다.

목소리와 바꾼 두 다리

 깊고 깊은 바닷속 아름답고 깨끗한 산호 궁전에 어여쁜 인어 공주가 살았어요. 머리카락은 바다처럼 푸르고, 하늘거리는 긴 꼬리는 진줏빛으로 반짝였어요.
 "공주님은 정말 아름다워! 저 물빛 머리카락 좀 봐. 꼭 푸른 비단을 펼쳐 놓은 것 같아! 저 긴 꼬리는 또 어떻고? 진주알을 알알이 엮어 놓은 것 같지 않아?"
 바닷속 물고기들은 입을 모아 인어 공주의 아름다움을 칭찬했어요. 하지만 이런 아름다움을 모두 합친 것보다 더 아름다운 것은 바로 인어 공주의 목소리였답니다. 인어 공주가 노래를 부를 때면 물살조차 흐름을 멈추고 귀를 기울일 정도였으니까요. 물고기들도 인어 공주의 노랫소리를 조금이라도 놓치지 않으려고 숨을 죽였고요.
 "세상에, 공주님의 목소리는 은쟁반에 옥구슬이 굴러가는 소리보다 더 맑아. 얼굴도 예쁜데 목소리까지 저렇게 아름답다니! 공주님은 얼마나 행복할까?"

하지만 인어 공주에게는 남모르는 슬픔이 있었어요.

비가 세차게 내리는 어느 날 밤이었어요. 호기심 많은 인어 공주는 아무도 몰래 궁궐을 빠져나와 세상 구경을 나갔다가 커다란 배를 타고 있는 땅 위의 이웃 나라 왕자님을 보게 됐어요.

'정말 멋쟁이 왕자님이야! 오뚝한 코, 반짝이는 눈, 후리후리한 키…….'

세찬 비가 폭풍우로 바뀌고 있는 것도 모른 채 왕자님을 정신없이 쳐다보고 있는데, 왕자님이 타고 있던 배가 그만 폭풍우에 휩쓸리고 말았어요.

왕자님은 순식간에 바다에 빠져 허우적거리다 정신을 잃었어요.

'아이, 위험해!'

인어 공주는 서둘러 왕자를 구해 주었어요.

폭풍우가 잠잠해진 후 물속으로 돌아온 인어 공주는 그 왕자를 잊을 수가 없었어요. 인어 공주는 어느새 그 왕자를 사랑하게 되었던 거예요. 왕자를 찾아가 사랑한다고 말하고 싶었지만 꼬리 때문에 땅 위로 올라갈 수가 없었어요.

슬퍼하던 인어 공주는 마법사를 찾아갔어요. 마법사는 인어 공주를 보자마자 인어 공주의 고민을 알아채고는 말했어요.

"두 다리를 갖고 싶다고? 그깟 일쯤 식은 죽 먹기지. 대신 그 값으로 네 아름다운 목소리를 내놔야 해!"

그 말을 들은 인어 공주는 깊은 고민에 빠졌어요.

'왕자와 만나려면 목소리를 포기하라고? 흑흑흑······.'

그렇지만 인어 공주는 왕자를 만나지 않고는 도저히 견딜 수가 없었어요. 깊은 고민 끝에 드디어 인어 공주는 결심했어요.

"마법사님, 그렇게 하겠어요."

그리하여 인어 공주는 아름다운 목소리를 주고 두 다리를 얻었어요. 하지만 목소리를 잃었기 때문에 왕자에게 가서도 사랑하는 마음을 전할 수 없었답니다.

> 금융 이야기

선택은 왜 해야만 할까?

〈목소리와 바꾼 두 다리〉에서 인어 공주는 사랑하는 왕자에게 가려고 두 다리를 얻었지만 대신 아름다운 목소리를 잃었어요. 인어 공주의 선택은 슬기로웠던 걸까요? 여러분이 인어 공주라면 어떻게 했을까요?

일상생활은 선택의 연속이라 할 수 있습니다. 학교 갈 때 무슨 옷을 입을지, 방과 후에 친구랑 PC방에 갈지, 분식집에 갈지 모두 여러분의 선택에 달려 있지요. 용돈 모은 것으로 분홍 치마를 살까, 청바지를 살까? 솜사탕을 먹을까, 아이스크림을 먹을까? 만화 영화를 볼까, 게임을 할까? 물론 다 할 수 있다면 좋겠지만 꼭 한 가지만을 골라야 할 때가 더 많아요. 그렇다면 가장 좋은 것, 가장 도움이 되는 것을 골라야 후회가 없겠지요?

우리는 어떤 물건을 선택할 때 그것을 사는 비용과 그것으로 얻게 되는 이익을 고려해 봐야 해요. 비용보다 이익이 더 큰 쪽으로 의사 결정을 해야 경제에 도움이 됩니다. 얻는 것이 있으면 잃는 것도 있어요. 잘 생각해 보고 가장 도움이 되는 것을 고르도록 하세요.

> 세상 속으로

선택과 기회비용

사람들은 누구나 욕심이 있어요. 맛있는 음식, 멋진 옷, 고급차, 최신 전자 제품을 즐기면서 편하게 살고 싶어 하지요. 그렇지만 가지고 있는 예산(돈, 시간, 자원)은 제한되어 있기 때문에 그 범위 안에서 자신의 욕망을 이루어야 합니다. 그래서 모든 것을 가지지는 못하고 특별한 것을 선택해야만 하지요.

예를 들어, 설날 고향 가는 기차표를 사려면 다섯 시간을 기다려야 한다고 쳐요. 하는 일이 없는 사람이 다섯 시간을 기다린다면 잃을 게 별로 없어요. 하지만 다섯 시간 동안 몇천만 원을 벌 수 있는 큰 회사의 사장이라면 기다리는 동안 잃는 게 너무 많겠지요? 이때 사장이 치러야 할 기회비용은 굉장히 비싸다고 할 수 있어요. '기회비용 opportunity cost'이란 어느 하나를 선택함으로써 포기하지 않으면 안 되는 기회의 가치를 말해요.

얻는 것과 잃는 것은 누구에게나 다 똑같지 않아요. 사람에 따라 가장 중요한 게 다르니까요. 그렇다고 반드시 돈으로만 따질 수 있는 것도 아니에요. 갯벌을 메워 땅을 넓히는 사업을 한다고 해 봐요. 농사를 짓든 공장을 짓든 그 땅을 이용해 많은 돈을 벌 수가 있어요. 하지만 갯벌이 사라지면 갯벌 생물도 사라지고 철새들도 찾아오지 못해요. 잘못하면 자연이 망가지고 아름다운 풍경도 잃게 되지요. 지금 당장은 얻는 게 많아도 멀리 내다보면 잃는 게 더 많을 수도 있어요.

일자리를 얻지 못하는 20대들이 많아지면 정부에서는 일자리를 늘리기 위해 나라의 많은 돈, 즉 재정의 지출을 늘리지요. 그런데 여기에도 고민이 있어요. 시중에 돈이 너무 많이 풀리면 물가가 높아져 시장이나 백화점에 가기가 겁날 정도가 될 수 있거든요.

이처럼 선택을 하면 반드시 기회비용이 발생하게 돼요. 기회비용을 치를 때는 어떤 것을 얻기 위해 기꺼이 들어가는 비용과, 그것으로부터 얻게 되는 이익을 잘 따져 봐야 하지요. 만약 얻는 것보다 잃는 것이 더 많다면 기회비용을 비싸게 치르는 게 돼요.

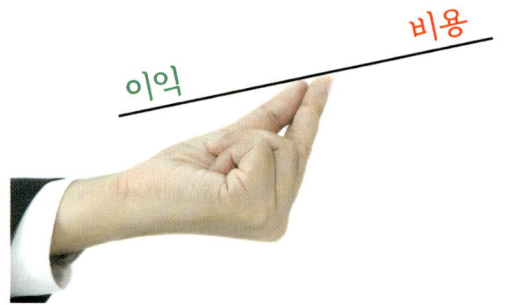

1976년 노벨 경제학상 수상자이고 대표적인 자유주의 경제학자인 밀턴 프리드먼Milton Friedman은 '공짜 점심은 없다.There is no such thing as a free lunch.'라는 유명한 말을 남겼어요. 누가 공짜로 점심을 준다고 해도 그것이 완전히 공짜라고는 할 수 없습니다. 즉, 그 사람과 점심을 먹을 시간에 할 수 있었던 다른 일을 못 하는 기회비용을 치르게 된다는 뜻이지요. 어떤 선택을 할 때는 그것을 통해 얻을 수 있는 이익뿐만 아니라 그 이익을 누리기 위해 치러야만 하는 돈이나 시간, 자원 등의 비용을 잘 따져 보고 결정  해야 합니다. 이왕이면 내가 좋아하는 것, 나에게 가장 유리한 것을 고르는 게 좋겠지요. 특히 시간이라는 자원은 누구에게나 똑같이 주어지므로 일의 우선순위를 정해 실천하는 것이 중요해요.

그럼, 합리적인 선택으로 성공을 이룬 예를 볼까요? 골프 황제 타이거 우즈Tiger Woods는 학업의 길과 프로 골퍼의 길 사이에서 고민하다가 자신에게 맞는 합리적인 선택을 해서 큰 성공을 거두었습니다. 빌 게이츠 역시 세계 최고 명문 하버드 대학의 학생이기를 포기하고 '마이크로소프트'를 설립하여 자신의 꿈을 이루었지요. 만약 그가 학업의 길을 선택했다면 어땠을까요? 아마 지금의 '마이크로소프트'는 없었을 수도 있지요.

결국 대가 없이는 아무것도 얻을 수 없습니다. 그래서 선택을 잘하려면 얻는 것과 잃는 것을 잘 견주어서 잃는 것은 적고 얻는 것은 가장 큰 선택을 하는 지혜가 필요해요.

2장

부자 되기 비법과 경제 마인드

- 유대인의 부자 되기 비법
- 부자가 되기 위한 경제 마인드

유대인의 부자 되기 비법

 세계에서 가장 거친 환경에서 살아온 민족은 어느 민족일까요? 바로 유대인입니다. 그들은 A.D. 70년 7월 9일 나라를 빼앗기고, 1948년 5월 14일 독립할 때까지 1875년 동안 이곳저곳 쫓겨 다니며 나라 없는 고통을 겪어야 했어요. 지구상에 유대인들을 반기는 곳은 아무 데도 없는 가혹한 환경 속에서 살았지요.
 온 세계가 유대인을 박해할 때 그나마 그들을 품어 준 나라는 미국뿐이었어요. 2차 세계대전 후 몰려드는 유대인들에게 미국은

허드슨 강변을 내주었습니다. 최악의 조건을 갖춘 거친 환경의 땅이었지요. 유대인들은 옹벽을 쌓아 허드슨강이 범람하는 것을 막고 금융업을 시작하였습니다. 이곳이 바로 오늘날 전 세계 금융의 중심지가 된 월가Wall Street의 시초였어요.

이후 유대인은 세계 문명을 꽃피운 민족이 되었어요. 전 세계 인구의 0.2%밖에 안 되는 민족이 지금은 세계를 지배하고 있지요. 2022년 조선에듀 기사에는 역대 노벨상 전체 수상자의 22%, 하버드대 입학생의 27%, 아이비리그 대학 교수의 30%, 세계 100대 기업 창업주의 40%를 유대인이 차지하고 있다는 내용이 실렸습니다.

역사를 바꾸고 세계를 움직인 대표적인 유대인으로는 물리학의 아버지와도 같은 아이작 뉴턴Isaac Newton과 알베르트 아인슈타인Albert Einstein, 공산주의의 창시자 카를 마르크스Karl Marx, 정신분석학 분야에서 첫손에 꼽히는 지그문트 프로이트Sigmund Freud가 있지요. 또, 로스차일드Rothschild와 조지 소로스George Soros, 스트브 발머Steve Ballmer, 마이크 델Michael Dell 등 비즈니스의 귀재들과 투자의 귀재 워런 버핏Warren Buffett, 미래학자 앨빈 토플러Alvin Toffler, 물리학자 리처드 파인만Richard Feynman, '페이스북' CEO 마크 저커버그Mark Zuckerberg, '스타벅스' 창업자 하워드 슐츠Howard Schultz, 전 미국 연방 준비 제도 이사회 의장 벤 버냉키Ben Bernanke, '워너 브러더스'를 비롯한 할리우드 5대 메이저 영화사의 창업주들과 세계 석유 재벌들, 와인을 만드는 세계 최대의 와이너리 주인들도 모두 유대인이에요. 유대인 출신의 부자도 많아 현재 세계 경제를 주름잡고 있지요. 유대인들의 이러한 경쟁력은 어디에서 나오는 것일까요?

첫째, 어릴 때부터 경제 교육을 철저히 받는다.

유대인들이라 하여 태어날 때부터 유전 인자가 특별하거나 IQ가 높은 것은 아닙니다. 특별한 것은 그들의 문화와 교육 방식이지요. 유대인 문화의 중심에는 민족 종교인 유대교가 있고, 교육은 종교와

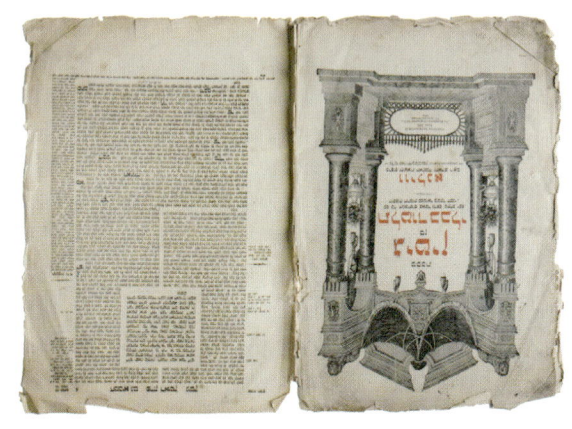

유대인의 정신문화의 원천으로 일컬어지는 탈무드

교육을 하나로 통합하는 형태로 이루어져요. 교육은 일방적으로 가르치는 것이 아니라 질문하는 방식으로 이루어져요. 게으름은 절대 용서되지 않으며, 인간은 노동을 해야 한다고 배우지요.

유대인들은 자녀들에게 어릴 때부터 경제 교육을 철저히 시킵니다. 아이들은 세 살이 되면 부모님과 함께 탈무드를 공부해요. 탈무드는 많은 지식과 지혜를 담고 있는 백과사전 같은 책으로 유

대인의 정신문화의 원천이라고 평가되는데, 유대교의 율법과 인간 생활에 대한 전반적인 내용을 다루고 있어요. BC 500년부터 AD 500년까지 '랍비'라고 부르는 지혜로운 스승들이 여러 문제에 대해 토론한 내용을 한데 모아 만들었다고 해요. 유대인들은 탈무드 속 이야기들을 읽으며 감동하고, 깨달음을 얻습니다. 깨달은 것은 곧장 실제 생활 속에서 실천에 옮긴다고 해요.

탈무드에는 어렵고 복잡하게 느껴질 수 있는 경제 관련 내용이 생활 속의 예를 통해 쉽게 설명돼 있어, 경제가 나와 상관없는 추상적인 것이 아니라 현실적인 생활의 일부라고 느끼게 해줘요. 탈무드는 가정에서는 물론 학교에서도 널리 활용하기 때문에 학교와 가정 모두에서 경제 교육이 이루어지는 셈이죠. 특히 탈무드를 공부할 때 사용되는 '하브루타 Havruta 교육법'을 통해 자연스러운 경제 교육을 하고 있어요. '하브루타 교육법'이란 나이·성별·계급에 상관없이 두 명이 짝을 지어 서로 논쟁을 통해 진리를 찾도록 하는 독특한 교육법이에요. 돈을 쓰

는 법에서부터 저축하는 법, 기부를 통해 사회에 도움이 되는 법까지 어린 시절부터 부모와 대화를 통해 자연스럽게 이해하도록 하는 것이지요. 모든 교육은 지시나 강요가 아니라 철저하게 자녀들과의 대화와 토론으로 이루어집니다.

둘째, 돈을 소중하게 여긴다.

탈무드에는 돈, 부, 가난, 부자 등에 대한 다음과 같은 명언들이 있어요.

'돈은 저주도 악도 아니다. 인간을 축복하는 것이다.'
'돈은 결코 모든 것을 좋게 만들지는 않는다.'
'가난하니까 올바르고 부자니까 그릇되었다고 하지 말라.'
'가난은 죄악이고, 돈은 반드시 사회적으로 가치 있는 일을 한 대가이다.'
'우리는 돈 없이는 살 수 없다.'
'성경은 빛을 주고 돈은 온기를 준다.'
'돈은 어떤 더러움도 씻어 주는 비누다.'
'몸은 마음에 의지하고, 마음은 지갑에 의지한다.'
'돈으로 열리지 않는 문이 없다.'
'돈으로 행복을 살 수는 없지만 행복을 불러오는 큰 역할을 한다.'

'돈이 인생의 전부가 아니라고 말하는 사람에게는 죽을 때까지 돈이 쌓이지 않는다.'

'집안에 돈이 있으면 집안에 평화가 있다.'

'좋은 수입보다 더 좋은 약은 없다.'

'돈은 어떤 문제도 열 수 있는 황금 열쇠다.'

이 명언들은 돈과 부를 긍정적으로 바라보며 소중하게 여기는 유대인들의 사고방식을 보여 줘요. 돈은 왜 필요하고, 어떻게 벌고 써야 하는지를 어릴 때부터 잘 가르쳐야 부모에 대한 의존성을 줄이고, 경제적으로 자립하는 데 큰 도움을 줄 수 있습니다. 돈의 가치를 모르면 사치와 낭비, 무절제한 생활에 빠지기 쉬워요. 유대인들은 돈이 거저 생기거나 나쁜 짓을 해서 모으는 것이 아니라 열심히 일한 대가로 정당하게 얻는 것이라고 어릴 때부터 가르칩니다. 부모들이 자녀가 어릴 때부터 구약 성경 속의 경제 관련 내용을 함께 읽으며 토론하고, 반복 교육과 실천을 통하여 경제 관념을 생활 속에서 몸에 익히도록 해주는 것이지요.

셋째, 적극적으로 벌고 관리한다.

유대인들은 오랜 세월 절망적인 환경에서 살아왔죠. 벼랑 끝까지 쫓겨 아슬아슬하게 서 있는 사람은 살아남기 위해 본능적으로 과감하게 벼랑 아래로 뛰어내리듯이, 유대인들도 더 비옥한 땅을 찾아 과감하게 움직였지요.

그들은 돈을 벌어 가난에서 벗어날 수 있다고 믿었어요. 목표를 막연하게 먼 미래로 설정하지 않고 자신의 주변에 있는 작은 일부터 실행에 옮기면서 적극적으로 사고를 확장해 갔어요. 또, 하나의 생각에만 갇혀 있지 않고, 정해진 틀을 벗어나 남과 다른 생각을 하려고 노력했지요.

유대인은 남자아이는 13세, 여자아이는 12세에 성인식을 하는데, 이때부터 부를 쌓는 법과 돈을 사용하는 방법을 배우기 시작해요. 그러면서 자본주의의 여러 측면을 배우고 체험하지요. 주식 투자 같은 자본 활용법을 익히는 것도 당연한 일입니다. 돈이 나를 위해 일하도록 하는 방법을 일찍부터 깨닫는 거예요.

유대인은 부를 다루는 데 도가 텄다고들 합니다. 재테크를 공부하면서 부를 관리하기 때문이지요. 돈 버는 것에만 집착하지 않고, 돈 벌기를 인생의 목표 또는 사업으로 여기고 돈 버는 과정 자체를 즐기면서 부를 쌓아 가지요. 벌어들인 돈을 어떻게 쓸 것인지도 계획합니다. 철저한 계획과 실천, 관리를 통해 부를 쌓고, 그 결과 안정된 미래를 보장받게 되는 것입니다.

유대인들은 또 아이들이 다음의 열 가지 규칙을 반드시 실천하도록 교육합니다. 유대인의 '부자가 되기 위한 경제 교육 십계명'이지요.

부자가 되기 위한 경제 교육 십계명

① 아이들이 '경제적 자립심'을 키우도록 경제적 지원은 되도록 적게 한다.
② 용돈 관리장을 쓰면서 돈을 계획적으로 쓰도록 한다.
③ 돈을 직접 벌어 볼 수 있는 기회를 만든다.
④ 집안의 수입과 경제 형편을 알게 하고, 가족 구성원으로서 책임감을 갖게 한다.
⑤ 자신의 소비 습관을 파악해 '꼭 필요한 물건인가'를 따져 본 후에 사도록 한다.
⑥ 남들이 하는 대로 따라서 돈을 쓰거나, 남들에게 자랑하려고 돈을 쓰는 것은 위험하다는 것을 가르친다.
⑦ 기부 등 남을 위해 돈을 쓰는 법을 가르친다.
⑧ 아이 이름으로 된 통장을 만들고, 아이가 은행 등 금융 기관과 친숙해지도록 한다.
⑨ 세뱃돈을 아이에게 전적으로 맡겨 어떻게 쓰고 있는가를 확인해 경제 교육에 활용한다.
⑩ 좋은 빚과 나쁜 빚을 가르치고, 빚의 무서움을 알게 한다.

- 이것은 한국식으로 재해석한 것임을 밝힙니다.

부자가 되기 위한 경제 마인드

✦ 경제란?

우선 '경제'란 말의 뜻부터 알아볼까요? 일상생활에서 '경제'란 비용이나 시간 따위를 적게 들이는 일을 말합니다. 우리는 살아가면서 많은 선택을 하게 되지요. 그때마다 '그것을 선택하기 위해 들이는 비용은 얼마인가? 그 선택을 통해 얻게 되는 만족은 얼마만큼인가?'를 비교하면서 따지게 됩니다. 들이는 비용보다 얻는 만족감이 더 크다면 그것은 '경제적인 선택'이라고 해요. 반대로 들이는 비용보다 얻는 만족감이 더 작다면 그것은 '비경제적인 선택', '경제적이지 못한 선택'이라고 하지요.

어떤 것을 선택할 때는 비용뿐 아니라 들이는 시간도 따져 보아야 합니다. 이때도 들이는 시간의 가치보다 얻게 되는 만족감의 가치가 더 크다면 '경제적인 선택'이라고 해요. 반대로 쓴 시간의 가치보다 얻는 만족감의 가치가 더 작다면 그것은 '비경제적인 선택', '경제적이지 못한 선택'이라고 하지요.

이와 같이 '최소의 비용과 노력으로 최대의 만족을 얻는 선택을 하는 것'을 '경제 원칙'이라고 합니다. 경제 원칙을 통해 이루어진 선택을 '합리적 선택'이라고 하고요. 경제 원칙에 따라 행동한 사람은 가장 큰 이익을 얻게 될 것이며, 이러한 행위를 '합리적 경제 행위'라고 합니다.

사람들의 행위는 '경제적'인 것을 목표로 삼는 경우가 많습니다. 의식주를 얻기 위한 행위는 물론, 화가가 그림을 그리고, 가수가 노래를 부르고, 댄서가 춤을 추고, 조각가가 조각을 하는 행위도 마찬가지예요. 이런 창작 활동으로 소득을 얻었거나, 작품의 상품 가치가 크다는 평가를 받아 큰돈을 받았다면 '경제적'이라고 할 수 있습니다.

✦ 경제 마인드의 필요성

'경제 마인드'에서 '마인드'란 간단히 말해 '사람의 마음'이라는 뜻인데, 어떤 사물이나 행동에 대해 속으로 생각하는 것, 또는 외부로부터의 자극에 일어나는 기분이나 느낌을 말합니다. 지식·감정·의지 등 정신 활동의 바탕이 되기도 하지요.

사람들은 경제적 선택을 할 때 어떤 마음을 가질까요? 당연히 손해를 보는 쪽보다는 이익을 더 크게 얻는 쪽을 선택하려고 하겠지요. 이익을 더 크게 얻기 위해서는 비용과 시간을 가장 적게 들이려고 여러 가지 노력을 할 거예요. 이렇게 적은 비용이나 시간을 들여 큰 만족을 얻는 경제 행위를 하려는 마음과 태도를 '경제 마인드'라고 해요.

우리가 일상생활에서 경제 마인드를 가지기 위해서는 '경제적 사고방식'을 가져야 합니다. 경제적 사고방식이란 선택을 할 때 비용과 이익의 비교를 통해 비용보다는 이익이 더 큰 쪽으로 의사 결정을 하는 사고방식을 말해요. 이때 비용보다 이익이 더 큰 쪽을 선택하기로 결정하는 것을 '경제적 의사 결정'이라고 합니다.

경제적 의사 결정에서 기회비용은 매우 중요한 역할을 해요. 앞 장에서 잠깐 살펴본 것처럼, 기회비용은 여럿 가운데 어떤 하나를 선택하기 위해 포기한 것들 중 가장 중요한 가치를 말하죠. 사람들은 '최소의 비용으로 최대의 만족'을 얻는 합리적 선택을 하려고 합니다. 합리적 선택을 위해서는 최소의 비용으로 최대의 만족을 얻는 경제 원칙에 따라야 하지요.

이처럼 경제 마인드를 활용하여 경제생활을 하게 되면 투입되는 비용과 시간은 최소가 될 것이고, 얻게 되는 이익은 최대가 될 수 있으므로 '효용의 극대화'는 물론, 훨씬 더 풍요롭고 윤택한 경제생활을 누릴 수 있습니다.

3장

돈과 금융

- 돈과 금융 생활
- **동화로 보는 금융** 물고기로 쌀과 옷을 얻은 어부
- **금융 이야기** 물물 교환과 돈
- **세상 속으로** 물물 교환의 장점과 직업
- **궁금해요!** 돈의 이모저모 Q&A
- 돈의 기능

돈과 금융 생활

✦ 돈이란?

　돈은 사물의 가치를 나타내며, 상품의 교환에 사용되고, 재산을 늘리기 위해 투자에도 쓰입니다. 돈을 '화폐貨幣'라고도 합니다. 화폐라는 말은 먼 옛날 중국에서 돈의 구실을 했던 쌀, 소, 베 등 물건 하나의 이름을 나타내는 '전화錢貨'와, 곡식, 가축, 옷감 등 여러 가지 물건의 묶음을 의미하는 '전폐錢幣'가 합해져서 만들어진 거예요. 여기서 전錢은 옛날 중국에서 농부들이 흙을 파는 데 사용했던 농기구 '가래'를 의미하는데, 가래는 당시 중국에서 돈으로 널리 사용되었지요.

아주 오랜 옛날에는 돈이라는 게 없었어요. 그러면 사람들은 어떻게 필요한 것을 구했을까요? 바닷가 사람들은 어떻게 쌀과 옷감을 얻었을까요? 또, 산골 사람들은 어떻게 소금과 물고기를 얻었을까요? 옛날 사람들은 생활에 필요한 물건을 모두 직접 만들어 썼을까요? 돈이 없는데 시장에서는 무엇을 내고 물건을 샀을까요?

그때는 오늘날과 같이 돈이 따로 있는 것이 아니라 조가비, 짐승의 가죽, 보석, 옷감(비단), 농산물 따위를 돈으로 이용했어요. 현재는 금, 은, 동 따위의 금속이나 특수한 종이를 이용하여 돈을 만들며 그 크기나 모양, 액수 등은 일정한 법률에 따라 정하지요.

경제생활에서는 화폐가 있어야 자신이 원하는 상품을 얻을 수 있어요. 한 나라 안에서 통용되고 있는 화폐를 통틀어 '통화'라고 합니다. 통화는 '현금 통화(동전, 지폐)'와 '예금 통화(은행 등에 맡기는 예금)' 두 가지로 나누어요.

통화 = 현금 통화 + 예금 통화

✦ **돈의 필요성**

시장에는 사람들도 많고 물건들도 많아요. 백화점, 대형 마트, 문방구, 음식점, 옷가게, 쇼핑몰 등도 마찬가지예요. 그런데 사람들이 물건을 팔거나 살 때 그 물건의 가치는 어느 정도인지, 물건의 크기나 가치가 서로 다를 때는 어떻게 교환하는 게 좋을지 등 여러 가지 복잡한 문제가 발생할 텐데 그런 문제는 누가, 어떻게 해결할까요?

? 그것도 몰라? 바로 내가 있기 때문에 쉽게 해결할 수 있는 거라고.

넌 누군데 그렇게 복잡한 문제를 쉽게 해결할 수 있다는 거야?

? 내가 누구인지 한번 알아맞혀 봐.

잘 모르겠는데?

하하! 내 이름은 바로 돈, 돈이야. 사람들이 물건을 사고팔 때 내가 나서면 거래가 쉽고 간단하게 해결되지. 그래서 사람들은 나를 무척 좋아해. 너는 어때?

✦ 돈의 기원

만일 이 세상에 돈이 없다면 어떻게 될까요? 오늘날 우리 생활에 없어서는 안 될 돈은 언제, 어디서, 누가 가장 먼저 사용하게 된 것일까요?

- 돈! 너는 어떻게 해서 탄생하게 됐니?
- 옛날에 물물교환을 하다 보니, 자기가 가진 물건은 매우 큰데 상대가 가진 물건은 매우 작을 때는 교환하기가 참 불편했어. 원하는 물건이 서로 다를 때도 있고, 물건끼리 주고받는 것도 여간 번거롭지 않았어. 그래서 처음에는 '물품 화폐'로 탄생했지.
- 물품 화폐라고? 좀 더 자세히 얘기해 봐.
- 알았어. 한마디로 물품을 화폐로 쓴 거야. 당시 가장 가치가 있고 많이 쓰던 물품 화폐로는 소금, 곡물, 조개, 깃털, 동물 등이 있었어.
- 아하, 그런 물품을 화폐로 사용했던 거구나. 사람들은 그런 물건을 계속 돈 대신 사용했니?
- 그렇지는 않아. 깃털이나 씨앗은 바람에 날아가 버리곤 했고, 벼나 보리 등은 썩어 버렸어. 소나 낙타 같은 동물은 옮기거나 나누기가 어려워서 불편했지.

그런 불편함을 어떻게 해결했니?

 그래서 작고, 다루기 쉽고, 튼튼해서 오래 쓸 수 있는 것을 돈으로 사용하기로 했어. 금, 은, 동 등의 귀금속이 그것이야. 이것을 '금속 화폐'라고 해.

✦ 돈의 발달 순서

인류는 처음엔 수렵과 채집을 통해 필요한 물건을 직접 구해 쓰는 자급자족 생활을 했어요. 그러다 보니 어떤 물자는 남아돌고, 또 어떤 물자는 모자라게 되어 남아도는 물건을 모자라는 물건과 바꿔 쓰는 물물 교환을 하기 시작했죠.

그런데 물건의 크기나 가치가 서로 달라서 바꿔 쓰기가 매우 불편했어요. 그래서 사람들은 처음에는 조개껍데기, 소, 농기구 등을 이용해 해당 물건의 가치에 맞는 것으로 바꿨어요. 이것이 돈의 시작인 물품 화폐예요.

그 후에는 금·은·동 등의 금속을 돈으로 썼는데, 이것이 금속 화폐예요. 그 후에는 금속에 돈의 액수를 찍어 낸 주조 화폐를 사용했어요. 다음에는 가볍고 들고 다니기 쉬운 지폐가 나왔고요. 또, 큰 거래 활동에 유용하게 쓸 수 있는 어음과 수표, 국내는 물론 세계 어느 곳에서나 카드 한 장으로 편리한 경제 활동을 할 수 있는 신용카드에 이어 전자 화폐, e머니 등으로 발전해 왔어요.

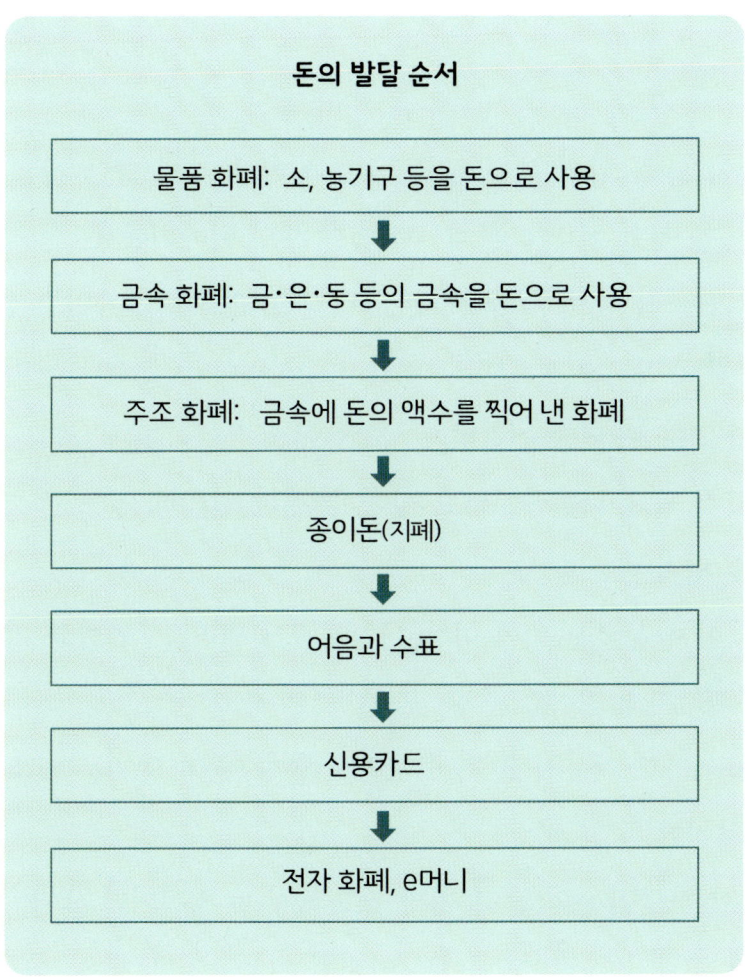

물고기로 쌀과 옷을 얻은 어부

호랑이 담배 피우던 먼 옛날, 아직 돈이라는 게 없던 시절, 먹을 것과 입을 것을 손수 마련해야만 했던 때의 이야기예요.

바닷가에 사는 어부 아저씨는 날마다 물고기를 잡아먹고 살았어요. 구워도 먹고 쪄서도 먹고 조려서도 먹었어요. 그런데 날마다 물고기만 먹다 보니 슬슬 질리기 시작했어요.

"물고기 말고 다른 게 먹고 싶어. 따뜻한 쌀밥에 잘 익은 김치를 마음껏 먹어 봤으면……."

어부 아저씨는 산 너머 마을 잔칫집에서 먹어 본 쌀밥과 김치 맛을 잊을 수가 없었어요.

"조금이라도 벼농사를 지어 보면 어떨까? 뒷마당에는 배추도 가꾸고 말이야."

하지만 바닷가는 바람이 세게 불고 땅에는 소금기가 배어 있어서 농사가 잘되지 않았어요. 어부 아저씨는 물고기만 계속 먹을 수밖에 없었죠.

그러던 어느 날 좋은 생각이 떠올랐어요. 어부 아저씨는 물고기를 바구니에 가득 담아 짊어지고는 산 너머 마을을 찾아갔어요.

"싱싱한 물고기가 왔어요. 이 물고기를 쌀과 바꿀 사람 없나요?"

그러자 한 농부가 쌀 한 함지박을 가지고 나왔어요.

"이거 잘 됐군요. 마침 물고기가 먹고 싶던 참인데……."

어부 아저씨는 쌀 한 함지박의 값만큼 물고기를 내주었어요. 그래

도 바구니에는 물고기가 반이나 남아 있었어요.

'이번에는 무엇과 바꿀까? 옳거니, 옷이 다 해어져 못 입을 지경이 됐으니 옷과 바꾸자.'

어부 아저씨는 이 골목 저 골목을 다니며 소리쳤어요.

"맛있고 신선한 물고기를 옷과 바꿀 사람 없나요?"

그러자 한 아낙네가 옷을 들고 나왔어요. 하지만 바구니에 담긴 물고기를 보더니 그냥 돌아서는 것이었어요. 어부 아저씨가 얼른 아낙네의 소매 끝을 붙잡고 물었어요.

"아니, 왜 그냥 가시려고요?"

"이 옷을 만드는 데 열흘이나 걸렸어요. 물고기 반 바구니와 바꾸기엔 너무 아까워서요."

어부 아저씨는 다음에 물고기 반 바구니를 더 가져다주기로 하고서 옷을 받았어요. 옷과 쌀을 짊어지고 산을 넘어오면서 어부 아저씨는 생각했어요.

'내가 잡은 물고기를 필요한 물건과 바꿀 수 있으니 참 좋네. 다음에는 물고기를 더 많이 잡아서 싱싱한 배추와 바꿔야겠어.'

어부 아저씨의 발걸음이 절로 가벼워졌어요.

🚩 금융 이야기
물물 교환과 돈

아주 오랜 옛날에는 돈이 없었기 때문에 물건과 물건을 맞바꾸는 '물물 교환'을 했어요. 혼자 이 일 저 일을 다 하려면 힘만 들고 얻는 것도 적지만, 각자 한 가지 일을 잘해서 서로 바꾸면 얻는 것이 훨씬 많아요. 어부는 자기가 제일 잘하는 낚시를 하고, 농사 전문가인 농부는 쌀농사를 지어 물고기와 맞바꾸니 서로에게 이익이지요.

그런데 물물 교환은 필요한 물건이 제각기 달라 불편하기도 했어요. 물물 교환을 하려는 사람이 많을수록 물건 바꾸기가 더 복잡해졌고, 겨우 물건 바꿀 사람을 찾으면 얼마만큼씩 바꿔야 알맞은지 판단하기가 힘들었어요. 그래서 사람들은 돈을 발명해 냈답니다.

돈이 있으면 재산을 모으기도 좋아요. 만약 풍년이 들어 쌀을 많이 거둔 농부가 창고에다 그 쌀을 전부 쌓아 둔다면 썩거나 벌레가 생길지도 몰라요. 한꺼번에 물고기를 너무 많이 잡은 어부도 물고기가 금방 상해 큰 손해를 보게 될 수 있지요. 하지만 돈으로 바꿔서 보관하면 몇 년을 둬도 썩거나 벌레가 생겨 손해 보는 일이 없겠지요.

3장. 돈과 금융

> 세상 속으로

물물 교환의 장점과 직업

　물물 교환은 필요한 것을 직접 만들어서 쓰는 '자급자족自給自足'보다 장점이 많아요. 좀 더 자세히 알아볼까요?

　첫째, 그 물건이 가장 필요한 사람에게 가서 쓰일 수 있어요. 어부에게는 흔한 생선이지만 물고기를 직접 잡을 수 없는 농부에게는 귀한 반찬이 되지요. 반면에 물고기 잡느라 벼농사를 지을 수 없는 어부에게는 농부가 수확한 쌀이 귀한 밥이 되고요.

　둘째, 자기가 잘하는 일만 하면 되니 기술이 발전할 수 있어요. 한 사람이 여러 가지 일을 다 잘하기는 쉽지 않아요. 한 사람이 농사도 지어야 하고, 대장장이 일도 해야 하고, 옷도 만들어야 하고, 기와도 구워야 한다고 생각해 보세요. 자기가 잘하는 일을 꾸준히 하는 사람보다 잘하기도 힘들어요.

　전문가라는 말을 들어 봤나요? 한 가지 일을 꾸준히 해서 남보다 기술이 좋은 사람을 그렇게 부른답니다. '소갈비 전문 식당', '야생 동물 전문 병원' 같은 간판을 본 일이 있지요? 여기 쓰인 '전문'이 바로 그런 뜻이에요. 사람들은 그 단어를 보고 그 식당에서는 다른 곳보다 훨씬 더 맛있는 소갈비를 먹을 수 있고, 그 병원에서는 야생 동물을 제대로 치료할 수 있겠다는 느낌을 받지요.

셋째, 한 가지 일만 해서 기술이 발전하면 더 많은 것을 얻을 수 있어요. 어부와 농부가 혼자서 물고기도 잡고 농사도 짓는 것보다 각자 더 잘할 수 있는 일만 해서 서로 바꾸니 훨씬 더 얻는 게 많았어요. 오늘날 수많은 직업이 생긴 것도 여기서 비롯된 것이에요.

궁금해요! 돈의 이모저모 Q&A

Q 동전은 누가 처음으로 사용했나요?

A 동전을 누가 가장 먼저 사용했는지는 확실히 알 수 없어요. 약 5,000년 전에 메소포타미아 지역에 살았던 수메르인이라고 하는 학자도 있고, 기원전 2500년에 이집트 사람들이 처음으로 썼다고 하는 학자도 있지요. 수메르인이나 이집트인들은 은을 작은 막대로 만들어 무게를 표시한 다음 돈으로 사용했다고 해요.

Q 지금까지 발견된 것 중 가장 오래된 동전은 무엇인가요?

A 기원전 7세기에 리디아 왕국에서 만들어진 거예요. 금과 은을 섞어 만든 다음 리디아 왕의 상징인 사자를 새겨 넣었답니다. 리디아의 동전은 그리스와 로마로 퍼져나갔고, 그리스의 도시 국가들은 그림을 새겨 넣은 납작한 금속을 돈으로 사용했어요.

Q 오늘날 각 나라에서는 무엇으로 돈을 만드나요?

A 대부분 잉크와 종이, 금속으로 돈을 만들어요.

Q 세계 각 나라의 화폐 단위는 모두 똑같나요?

A 그렇지 않아요. 우리나라의 화폐 단위는 '원'이고, 미국의 화폐 단위는 '달러', 일본은 '엔', 중국은 '위안', 유럽은 '유로', 스위스는 '스위스 프랑', 인도는 '루피'랍니다.

Q 화폐를 통해 각 나라의 특징을 알 수 있다던데, 어떤 것들을 알 수 있나요?

A 우리는 화폐를 통해 그 나라의 문화와 중요 인물을 알 수 있어요. 예를 들면, 미국의 동전과 지폐에는 역대 미국 대통령 등 위인들의 모습이 담겨 있어요. 1센트(페니) 동전에는 에이브러햄 링컨Abraham Lincoln, 5센트(니켈)에는 토머스 제퍼슨Thomas Jefferson, 10센트(다임)에는 프랭클린 루스벨트Franklin Delano Roosevelt, 25센트(쿼터)에는 조지 워싱턴George Washington, 50센트에는 존 F. 케네디John Fitzgerald Kennedy 대통령이 새겨져 있지요. 100센트에는 여러 위인이 담겨 있어요. 참고로 50센트와 100센트 동전은 자주 사용되지는 않아요. 그리고 1달러 지폐에는 조지 워싱턴, 2달러 지폐에는 토머스 제퍼슨, 5달러 지폐에는 에이브러햄 링컨 대통령이 있고, 10달러 지폐엔 미국 건국의 주역 이자 초대 재무장관인 알렉산더 해밀턴Alexander Hamilton, 20달러 지폐엔 앤드루 잭슨Andrew Jackson 대통령, 50달러 지폐엔 율리시스 그랜트Ulysses S. Grant 대통령, 100달러 지폐엔 또 한 명의 미국 건국의 주역인 벤저민 프랭클린Benjamin Franklin이 그려져 있지요.

또, 중국의 공식 화폐인 '인민
폐'의 앞면에는 모두 마오쩌
둥 주석의 초상화가 있지만,
뒷면에는 중국의 시대별 명소

가 그려져 있어요. 1위안 뒷면에는 삼담인월(항저우시의 서호에서 가장 큰 섬), 10위안의 뒷면에는 장강삼협(장강에 있는 세 개의 협곡) 중 구당협, 50위안 뒷면에는 티베트 자치구의 포탈라궁, 100위안 뒷면에는 베이징의 인민 대회당이 있지요.

이렇게 돈에는 나라를 대표하는 위인부터 전통, 과학, 기술, 문화, 풍경 등이 들어 있기 때문에 그 나라의 문화를 이해하는 매우 중요한 자료가 돼요.

Q 동전이나 지폐에 왕이나 위인이 그려져 있는 이유는 뭐예요?

A 돈을 쓸 때마다 그 나라 국민으로서 자부심을 느끼게 하려는 이유도 있지만, 더욱 중요한 이유는 화폐의 위조나 변조를 막기 위해서예요. 사람 얼굴은 저마다 특징이 달라서 똑같이 그리기도 어렵고, 조금만 다르게 그려도 쉽게 알아낼 수 있기 때문에 위조하기가 어려워요.

Q 지폐를 처음으로 사용한 나라는 어디인가요?

A 동전은 무거워서 많은 양을 운반하기가 어려웠어요. 그래서 가볍고 사용하기 편리한 종이로 지폐를 만들었지요. 처음 종이로 돈을 만든 나라는 중국이었는데, 종이돈이 가치를 가지도록 나라에서 보증을 했어요.

이탈리아의 탐험가 마르코 폴로가 중국을 여행하고 1295년에 이탈리아로 돌아갔는데, 이때 지폐가 유럽에 처음으로 전해졌어요.

Q 우리나라의 화폐는 어떻게 변화하고 발달했어요?

A 우리나라 최초의 화폐는 고조선 시대부터 쓰였다는 기록이 있어요. '자모전'이라는 이름을 가진 돈인데, 현재 유물이 남아 있지는 않아요.

우리나라의 화폐는 아래와 같은 과정을 거쳐서 발달했어요. 표로 정리한 화폐의 이름과 특징들을 잘 살펴보세요.

시대	화폐	특징
고조선	자모전	철로 만들어짐. 현재 남아 있지 않음
고려	건원중보	현재 남아 있는 가장 오래된 화폐
	해동통보, 은병	일부 귀족과 부자들만 사용
조선시대	상평통보 (조선 숙종 4년)	처음으로 전국에 걸쳐 널리 사용됐으며 1900년대 초까지 사용
일제 강점기 시절	원	
1953년	환	
1962년	원	돈 10환과 1원의 가치를 똑같게 함. 현재까지 쓰이고 있음

돈의 기능

✦ 돈의 본질적 기능

 돈! 네가 우리 경제생활에서 하는 가장 중요한 역할은 뭐야?

 사람들의 경제생활을 더 편리하게 해주는 역할이라고 할 수 있지. 구체적으로, '교환 수단의 기능'과 '가치 척도의 기능'이 있어. '교환 수단의 기능'이란 사람들이 원하는 상품이나 서비스를 돈으로 사고팔 수 있도록 해주는 기능이야. 물물 교환이나 품앗이를 하지 않고 돈을 교환 수단으로 사용하게 해주는 거지.

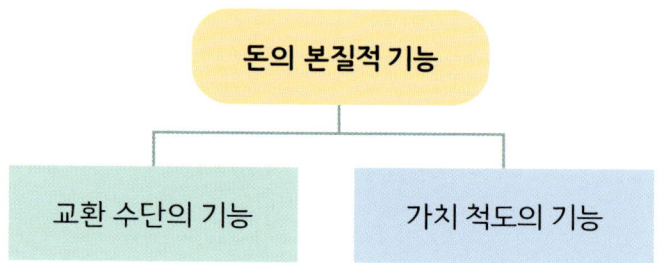

조개껍데기를 돈으로 사용한다면 모든 물건과 서비스의 값을 조개껍데기 개수로 정할 수 있어. 연필은 조개껍데기 2개, 필통은 조개껍데

기 5개, 머리카락 커트는 조개껍데기 20개, 이런 식으로 말이야. 이렇게 돈이라는 교환 수단이 생기니 필요한 물건이나 서비스를 구하기가 훨씬 편리해졌지. 이때 화폐는 경제 활동을 원활하게 해주는 기름과 같은 것에 지나지 않는다고 할 수 있어.

또, '가치 척도의 기능'이란 가치를 재는 기준이 되는 기능이야. 1,000원짜리 과자와 2,000원짜리 과자가 있을 때 '2,000원짜리가 1,000원짜리보다 더 가치가 높다, 2000원짜리는 1,000원짜리의 두 배 가격이다'라고 하잖아? 이런 것이 가치 척도의 기능이야. 가치 척도로 이렇게 값을 판단할 수 있으니 가진 돈만큼, 또 필요한 만큼 물건을 살 수가 있어서 편리해졌어.

✦ 돈의 파생적 기능

 그 두 가지 기능 이외에 다른 기능도 있어?

 있지. '가치 저장의 기능'과 '지불 수단의 기능'이 있어.

'가치 저장의 기능'은 말 그대로 가치를 저장하는 기능이야. 돈이 있으면 재산을 모으기도 유리해. 농부나 어부가 최고급 유기농 쌀이나 갓 잡은 싱싱한 물고기를 창고에다 잔뜩 쌓아 둔다면 썩거나 벌레가 생겨서 큰 손해를 보게 되겠지. 하지만 이걸 돈으로 바꿔서 간수하면 몇 년을 둬도 썩을 염려가 없어. 이 돈을 활용해 주식, 채권, 집, 부동산을 사든지 사업을 해서 더 많은 돈을 벌 수도 있지.

또, '지불 수단의 기능'이 있어. 예를 들어, 기업은 생산 활동을 위해 원자재를 구입한 값과 종업원의 임금을 돈으로 지불해. 근로자는 필요한 상품을 살 때 기업에서 받은 임금을 지불하고. 그러면 그 돈은 상품을 만들어 낸 생산자인 기업에 들어가게 돼.

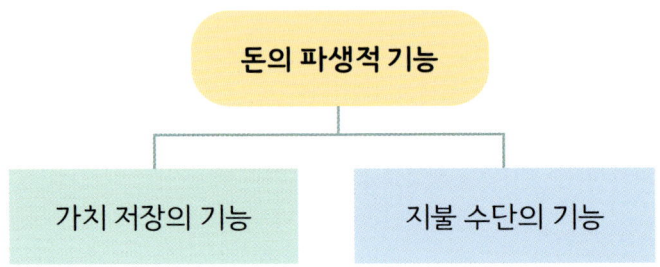

✦ 돈의 순환

속담에 '돌고 도는 게 돈'이라는 말이 있어요. 돈은 어느 한 곳에 머물러 있지 않고 이 사람 저 사람, 이 나라 저 나라로 돌아다니면서 교환 수단과 가치 척도의 수단 역할을 다한다는 뜻이죠.

경제 활동에서 돈은 우리 몸속의 피(혈액)와 같은 구실을 해요. 피가 우리 몸속의 모든 부분을 순환하면서 영양분을 골고루 날라

주듯이, 돈은 수많은 소비자와 생산자 사이를 순환하면서 거래 활동을 빠르고 편리하게 해주는 역할을 충실하게 해냄으로써 경제 발전에 크게 이바지하지요.

또, 돈은 사람 사이의 유통 수단으로도 이용돼요. 돈은 근로자의 임금으로 각 가정에 흘러 들어가고, 그 일부가 장바구니를 든 소비자의 손에서 시장 상인의 주머니 속으로 들어가요. 그리고 상인의 돈은 다시 팔 상품을 구매하기 위해 상품의 공급자인 기업인의 손으로 들어가게 되고, 이것은 다시 노동력이나 원자재를 제공해 준 사람들에게 가지요. 이뿐만 아니라 각 가정과 기업에서 내는 세금은 국가나 지방 자치 단체가 각종 정책을 시행하는 데 쓰이면서 끊임없이 순환해요.

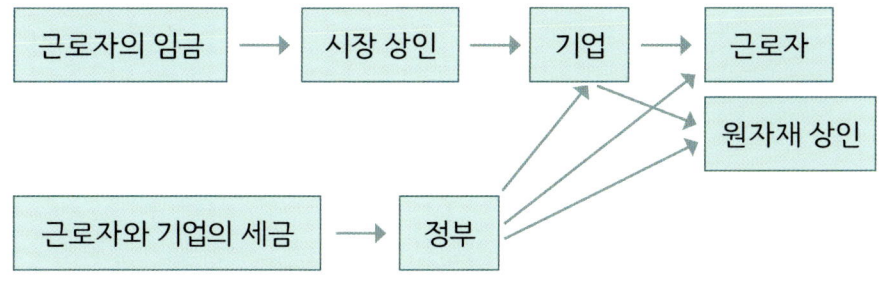

혈액이 심장에 잠시 머무는 것과 같이 돈도 장롱이나 은행에 잠시 머무를 수 있어요. 이때 특히 문제가 되는 것은 돈이 사채 시장이나 암거래 따위에 쓰이는 등 세무서에서 포착할 수 없는 분야에

서 머물 경우예요.

사채는 원래 '개인과 개인 사이에 지게 된 빚'이라는 뜻이었지만 실제로는 공식 금융 기관의 융자가 아닌 개인 융자가 거래되는 시장인 '사채 시장'을 의미하게 되었어요. 이 사채 시장은 세무서 등 관공서에서 그 실태를 포착할 수 없는 경제 활동 분야인 '지하 경제'를 이루기 때문에 국가 경제에 혼란을 안겨 줄 수 있어요.

돈은 은행과 같은 금융 기관을 통하여 기업으로 대출되어 시설을 확충하거나 생산을 증대하는 데에도 크게 이바지해요. 따라서 한 나라의 경제가 건강하게 유지되고 지속적인 발전을 이루기 위해서는 원활한 돈의 순환이 필수이지요.

✦ 돈과 경제

돈이 인간 생활에 널리 활용된 이후, 인류의 경제생활은 더욱 편리해지고 경제 활동 속도도 빨라졌어요. 지역과 인종 사이의 큰 차이가 줄어들고, 효율성이 매우 커져서 부의 축적과 비약적인 경제 발전이 이루어졌어요.

돈의 '가치 저장 기능'은 현대 경제에서 매우 중요하게 여겨지죠. 이에 대한 경제 이론을 구축한 사람은 존 메이너드 케인스 J.M.

Keynes예요. 그는 자기 나라의 이익을 위해서는 다른 나라가 손해를 볼 수밖에 없다는 '중상주의자'들의 사고방식을 받아들였습니다. 중상주의는 세계 경제와 무역의 총량이 변하지 않는다면 자본을 공급하여 국가의 번영을 이룰 수 있다는 경제 이론으로, 16세기에서 18세기에 걸쳐 발달한 근대 유럽의 국제 무역 사상 중 하나예요. 중상주의의 목적은 강력한 왕권을 바탕으로 금과 은을 모아서 나라의 부와 국력을 키우는 것이었지요. 국제 무역에서도 물건을 팔아 금을 얻는 것이 목적이었기 때문에 국가는 수출을 장려하고 수입을 억제하는 정책을 썼어요.

문제는 여러 나라에서 중상주의를 따르려다 보니 모두 수입은 안 하고 수출만 하려 든다는 것이었어요. 값이 싼 원자재를 가지고 값싼 노동력으로 물건을 많이 만들어 팔아야 하는데, 그런 싼 원자재를 구할 곳도 없었어요. 그래서 결국 해군의 힘을 키워 해외의 새로운 나라를 찾아 거기에 식민지를 건설하는 정책을 강력하게 추진했죠. 이 정책을 실시한 대표적인 사람은 프랑스의 재무장관이었던 장 밥티스트 콜베르Jean-Baptiste Colbert예요.

오늘날 세계 각 나라에서는 통화 당국이 '통화량'을 조절해요. 통화량이란 그 나라에서 쓰이는 돈의 양을 말해요. 이 통화량을 통화 당국의 정책에 따라 조절하는 것을 '관리 통화 제도'라고 하죠. 이러한 관리 통화 제도 아래에서는 화폐의 양과 흐름이 실질 소득이나 생산량, 물가 수준, 소득과 부의 분배 등 기본적인 경제 현상에 주요한 영향을 미쳐요.

4장

돈과 인간

- 돈과 인간 생활
- 돈의 마음을 읽지 못한 사람들

돈과 인간 생활

　물고기가 물을 떠나서 살 수 없듯이 인간은 돈을 떠나서 생활할 수 없어요. 이 세상에서 돈과 관련된 문제를 전혀 겪지 않거나, 돈 문제를 완벽하게 해결할 수 있는 능력을 가진 사람은 아무도 없을 거예요. 돈을 얼마나 갖고 있든 사람들은 항상 돈을 필요로 해요.

　돈은 생활을 편리하게 하기 위해 인간이 만들어 낸 발명품인데, 자신들이 만든 이 발명품의 주인이 되지 못하고 노예가 되어 크나큰 불행을 겪는 사람들도 많아요. 사람이 있고 돈이 있는 것이지 돈이 있고 사람이 있는 것은 아니잖아요? 같은 칼이라도 음식을 만들 때 사용하면 생활 도구가 되지만, 그 칼로 사람을 해치면 무기가 됩니다. 마찬가지로 같은 돈이라도 무기로 쓰느냐 도구로

쓰느냐는 인간의 손과 의지에 달려 있어요. 인간이 자신의 필요에 따라 돈을 벌고, 그 돈을 필요한 때에 필요한 곳에 적절히 사용하면 돈은 인간에게 충실한 하인이 돼요. 그렇지만 인간이 돈을 위해 살고, 돈을 위해서라면 인간으로서 차마 할 수 없는 일까지 서슴지 않는다면, 이미 돈의 주인이기를 포기하고 스스로 돈의 노예가 된 것이죠.

이렇게 인간의 하인이 되기도 하고, 주인이 되기도 하는 돈에는 여러 가지 얼굴이 있어요. 돈의 여러 얼굴들을 함께 살펴볼까요?

✦ 돈의 얼굴들

😊 웃음의 얼굴

'돈 앞에는 웃음이 한 말', '돈이 없으면 적막강산이요, 돈이 있으면 금수강산이다'라는 속담이 있어요. 경제적으로 넉넉해야 웃음꽃도 피어나고, 삶을 즐길 수 있다는 말이지요.

돈이 있으면 의식주에 대한 기본 욕망을 채울 수 있는 것은 물론 고도의 문화생활, 더욱 차원 높은 예술 활동 등도 마음대로 할 수 있어요.

또, 돈이 있으면 먹고 싶은 음식도 먹을 수 있고, 예쁘고 멋진 옷도 사서 입을 수 있고, 크고 그림 같은 집에서도 살 수 있고, 저 멀리 멋진 곳에 여행도 갈 수 있으니 정말 즐겁고 신나지 않을까요? 사람들은 돈이 성공을 가져다주리라는 신념을 가지고 더 많은 돈을 모으기 위해 끊임없이 노력해요. 결국 돈이 웃음꽃을 피우고 이 땅에서 최상의 성공과 즐거움을 안겨 주는 중요한 역할을 한다는 믿음이죠.

😄 행복의 얼굴

'돈벼락 맞는다'라는 속담이 있어요. 뜻밖의 많은 돈이나 재물을 갑자기 얻게 되는 것을 일컫는 말이죠. '몇백억 원의 로또 당첨!' 생각만 해도 가슴이 두근거리고 신나는 일이지요. 매우 힘들게 살아가는 사람에게 그러한 꿈 같은 일이 현실로 벌어졌다면 '꿈인가 생시인가? 내 팔자에 웬 이런 큰돈이!'하면서 웃다가 너무 흥분해 울기까지 할 거예요. 이런 '돈벼락'의 기쁨은 곧 행복이죠.

그래서 미국의 유명한 경제학자 존 케네스 갤브레이스John Kenneth Galbraith는 돈은 인간에게 가장 큰 기쁨을 선사하는 사랑과 비슷하다'라고 했어요.

〈사기史記〉라는 유명한 책을 쓴 중국의 역사가 사마천도 '부유해지는 데는 정해진 직업이 없고, 재물에는 정해진 주인이 없다.

천금의 부자는 한 도읍의 군주와 맞먹고, 거금을 가진 부자는 왕과 즐거움을 같이한다'라고 했지요.

😠 슬픔의 얼굴

'가난이 대문으로 들어오면 사랑이 창문으로 나간다'는 속담이 있어요.

돈이 없으면 우리의 생활은 어떻게 될까요? 생활이 어려워져 가정의 화목도, 담장 너머까지 들리던 웃음소리도, 늘 솟아나던 사랑의 샘도 사라지고, 어느새 울음, 싸움, 고통으로 인해 불행의 집으로 바뀌게 됨을 이 속담은 잘 꼬집고 있어요.

돈이 없으면 자신의 욕망을 충분히 채울 수 없음은 물론, 더 큰 비극을 겪기도 해요. 빅토르 위고 Victor Hugo의 소설 〈레미제라블〉에는 주인공 장발장이 돈이 없어 빵을 한 조각 훔친 죄로 19년이라는 긴 세월 동안 감옥살이를 한 이야기가 나와요. 이 얼마나 슬픈 일입니까? 돈이 없는 고통이 어떤 것인가를 잘 실감할 수 있지요.

👥 위력(威力)의 얼굴

'위력'이란 '상대방을 꼼짝 못하게 만드는 강력한 힘'을 말해요. 중국의 역사가 사마천은 돈의 위력이 과연 어느 정도이며, 돈을 얼마나 가지고 있느냐에 따라 사람들의 행동이 어떻게 변화하는

가에 대해 다음과 같이 말했어요.

"대체로 일반 백성은 재산이 자기보다 열 배 많은 사람에게는 몸을 낮추고, 백 배 많으면 두려워하며, 천 배 많으면 그의 부림을 당하게 되고, 만 배 많으면 그의 하인이 된다. 이것이 사물의 이치이다."

우리 속담에도 돈의 위력에 관한 예들은 매우 많아요. 그중 대표적인 것이 '돈만 있으면 귀신도 부릴 수 있다', '돈이라면 뱃속의 아이도 나온다', '장님도 돈을 보면 눈을 뜬다' 등이 있어요.

돈의 위력을 보여 주는 생활 사례로는 어떤 것들이 있을까요? 너무 많아 예를 들 수 없을 정도이고, 상상을 초월하는 사건과 사고도 많지요. 돈만 주면 성적이 부진한 학생들에게 '족집게 과외'로 시험을 잘 보게 해 주는 사람, 돈만 주면 자신의 몸을 상하면서까지 술을 대신 마셔 주는 사람, 돈만 주면 선악을 가리지 않고 엄청난 위험 부담을 감수하고라도 기꺼이 그 일에 뛰어들어 감행하는 사람, 심지어는 돈만 주면 하나뿐인 목숨까지도 내놓는 사람이 있습니다. 정말 돈의 위력이 실감나지요.

👹 마력(魔力)의 얼굴

'돈이 원수다', '돈이 자가사리 끓듯 한다'라는 속담이 있어요. '자가사리'는 몸집이 작은 편인 민물고기로 떼지어 분주하게 떠돌아다니는 속성이 있는데, 이처럼 돈이 많다고 함부로 행동하며 못된 짓을 하는 사람을 꾸짖는 속담이에요.

이 속담들은 인간 생활에 없어서는 안 되는 돈 때문에 좋던 사이가 나빠져 돌이킬 수 없는 원수지간이 되어 버릴 수도 있고, 돈이 많다는 이유로 돈의 힘에 취해 함부로 못되게 굴다가 결국 몹시 곤란한 처지에 놓일 수도 있음을 보여 줘요.

그래서 미국의 경제학자 존 케네스 갤브레이스John Kenneth Galbraith는 '돈이란 죽음과 맞먹는 최대 걱정거리의 원천이다'라고 했어요. 돈 때문에 전쟁이나 살인 사건이 벌어지기도 하는 것을 보면, 생활의 필수품인 돈이 잘못 사용되면 얼마나 무서운 마력을 지닌 무기가 될 수 있는지 알 수 있을 것 같아요.

돈의 마음을 읽지 못한 사람들

　돈의 수많은 얼굴들을 제대로 알지 못하고, 돈의 마음을 읽지 못한 채 아무 계획도 대책도 없이 낭비만 하다가 결국 돈의 하인으로 비참하게 살아가는 사람들도 많아요. 바로 아래와 같은 사람들이지요.

✦ 충동구매에 빠진 사람들

　"온라인 쇼핑! 너무 재밌어요. 하나 사면 하나 더 준다니, 안 사면 바보죠. 방안 가득한 물건들을 보면 뿌듯해요. 이렇게 많은 물건을 이렇게 싸게 샀다니! 나는 정말 쇼핑의 천재인 것 같아요! 어, 그런데 이게 뭐야? 통장에 남은 돈이 없다고? 그렇게 많던 돈이 다 어디 갔어?!"

　'충동구매'에 이끌리는 사람은 결코 부자가 될 수 없습니다. 충동구매란 계획성

없이 소비 욕구에 이끌려 무분별하게 물건을 구입하는 것을 말해요. 물건을 살 필요나 생각이 별로, 또는 전혀 없었는데, 어떤 물건이나 광고 등을 보고 단지 디자인이 이쁘다거나 가성비가 좋아 보인다는 등의 이유로 갑자기 구매 욕구가 솟구쳐 올라 그 물건을 사게 된다면 효과적인 돈 지출이라고 할 수 없어요. 욕망을 줄이면 돈도 덜 쓸 수 있지요. 남들이 나를 어떻게 생각하는지에 신경을 덜 쓰면 욕망도 줄어듭니다. 부자가 되는 지름길은 가진 돈을 쓰지 않는 거예요.

부자가 되려면 지출을 줄이고 돈이 새어 나가는 것을 막아야 해요. 작은 것을 소중히 하고, 소비를 줄이면 부자가 됩니다. 부자는 절약이 몸에 배어 있기 때문에 자신이 원하지 않는 지출은 절대 하지 않아요.

✦ 명품이 아니면 사지 않는 사람들

"이게 뭔지 아니? 유명 디자이너가 만든 명품 옷이야! 이 옷과 이 명품 가방은 한 세트야. 여기에다 명품 구두, 요사이 잘 나가는 명품 외제 차……. 이 정도는 갖춰 놓고 살아

야지. 앗, 그런데 우리 집이 빚더미에 올라앉았다고? 말도 안 돼!"

부자가 되려면 명품 소비를 억제해야 합니다. 명품을 즐기며 으스대는 소비는 '베블런 효과Veblen Effect'와 관련이 있어요. 베블런 효과란 물건 가격이 오르는데도 오히려 수요가 높아지는 현상을 말해요. 일반적으로 상품의 가격은 수요와 공급의 원리에 맞추어 균형점에서 형성되는데 특정한 상품은 가격이 상승하는데도 오히려 수요가 증가해요. 다이아몬드와 같은 보석 종류가 그렇죠.

베블런 효과는 미국의 경제학자이자 사회학자인 소스타인 베블런Thorstein Bunde Veblen이 1899년 저술한 저서 〈유한계급론〉에서 소개했어요. 그는 이 책에서, '상층 계급의 두드러진 소비는 사회적 지위를 과시하기 위해서 자각 없이 행해진다'는 '과시적 소비'를 지적했지요.

부자가 되려면 저축을 늘려야 해요. 부는 소득에서 소비를 뺀 저축의 축적입니다. 명품만을 즐기다가는 저축을 할 수 없어요. 저축을 늘리려면 자존심을 줄이고 겸손을 키워야 합니다. 저축은 소득에서 자존심을 뺀 것이라 할 수 있어요.

저축은 돈을 덜 쓰는 것만으로도 가능해요. 부는 '쓰지 않은 소득'입니다. 부는 나중에 무언가를 사기 위해 아직 사용하지 않은 선택권으로, 오래 기다리던 황금 같은 투자 기회가 왔을 때 잠자고 있던 저축은 인생을 구원할 수도 있어요.

미래에 더 많은 것과 더 많은 선택권을 갖기 위해 오늘 내가 살 수 있는 것을 사지 않아야 부가 만들어집니다. 지금 당장 그 돈으로 누릴 수 있는 즐거움을 미뤄 두지 않으면 부는 절대로 쌓이지 않아요. 재무 상태를 성공적으로 유지하는 사람들 대부분은 남들이 나에 대해 어떻게 생각하는지 거의 신경 쓰지 않습니다.

✦ 장기 재무 계획 없이 사는 사람들

"내일 일은 내일 걱정 하면 돼! 즐길 수 있을 때 즐기는 것이 최고라고! 이렇게 신나고 좋은데 이런 것도 안 하고 사는 사람들은 왜 사는지 몰라. 그런데 이게 뭐야? 독촉장이라고? 말도 안 돼!"

부자가 되려면 지금부터 먼 앞날에 이르는 장기간에 걸쳐 자금을 어떻게 마련하고 어떻게 쓸 것인지 계획하는 '장기 재무 계획'이 필수입니다. 장기 재무 계획이 없으면 돈의 흐름을 알지 못해요. 또, 현재 나에게 자산은 얼마나 있고 부채는 얼마나 되는지, 은행의 예금 잔고는 얼마나 되는지 등 자신의 재산 상태도 알아야 합니다. 장기 재무 계획이 없고, 자신의 재산 상태도 알지 못하면서 경제생활을 해 나가는 것은 나침반 없이 항해하는 것과 같아요.

장기 재무 계획은 부자 되기의 필수 조건이에요. 시간이 흐르면 주변 세상도 변하고, 나의 목표와 욕망도 변합니다. 미래에 무슨 일이 벌어질지 모르지요. 인생의 오랜 기간에 걸쳐 큰 영향을 미칠 수 있는 일에 대해 최선의 결정을 내리기란 쉽지 않아요. 이때 장기 재무 계획은 큰 힘을 발휘합니다.

계획　　　　무계획

✦ 목표 없이 사는 사람들

"하루하루 사는 게 지겨워. 어제도 오늘 같고 오늘도 어제 같고. 뭘 위해 사는 건지. 정말 시시해!"

부자가 되려면 목표가 뚜렷해야 합니다. 목표 없이 사는 것은 목적지 없이 계속 걸어가는 것과 같아요. 목표가 뚜렷한 부자는 늘 준비가 되어 있습니다. 목표를 구체적으로 세우면 목표를 달성할 가능성도 그만큼 커져요. 목표를 너무 낮추면 늘 돈에 대한 두려움을 가지면서 살게 되지만 자신의 목표를 달성할 확률이 가장 높은 전략을 고르면 투자의 성공 확률도 높일 수 있어요.

목표가 뚜렷한 부자는 모험을 즐깁니다. '위험이 클수록 수익도 높다'는 말이 있지요. 부자들은 높은 수익을 위해 기꺼이 높은 위험을 감수해요. 부자는 투자하기 힘든 시기에 투자 기회가 나타나면 과감하게 그 기회를 잡아요. 그 절호의 기회를 놓치지 않고 행동으로 옮기는 투자 행위는 큰 부를 안겨 주죠. 투자 결과에 큰 영향을 미치는 대형 사건은 느닷없이 일어나기 때문에 항상 준비해야 합니다.

가난한 사람들은 늘 결과를 보고 아쉬워만 하죠. 정말 좋은 투자 기회가 자신의 눈앞에 나타나더라도 돈이 없어서 투자 기회를 놓쳐 버리기 때문에 큰 부는 그들에게 결국 '그림의 떡'이 되고는 마는 거예요.

여러분은 목표가 있는 부자가 되고 싶지 않으세요?

✦ 열정 없이 사는 사람들

"모든 일에 의욕이 없어. 재밌고 신나는 일이 없으니 살맛이 나지 않아."

부자가 되려면 일에 대한 열정을 가져야 해요. 부자가 되려는 사람은 매사에 열정적이에요. 열정이란 어떠한 일에 대해 갖는 뜨거운 마음이지요. 부자는 마음속이 이러한 감정으로 가득합니다. 부자가 되려는 사람은 의욕을 불러일으키는 것들을 항상 주변에 두고, 무엇을 하든 적극적이고 진취적인 태도로 임하죠.

부자는 가치가 있는 곳에 기꺼이 모든 열정을 쏟습니다. 가치가 있다고 생각되면 돈에 구애받지 않고 자신의 돈을 씀으로써 부를 재생산해요. 일반인들이 감히 생각하기 힘든 투자를 감행하거나, 매우 큰돈을 기부하기도 하죠. 그러나 부자들은 그 대가와 결과를 반드시 생각하면서 지출을 합니다. 이 점에서 대부분의 평범한 사람과 구별된다고 할 수 있어요.

부자는 시간을 매우 소중하게 여겨요. 어떤 사람이 하루 열 시간 동안 차를 닦으면서 10만 원을 번다고 한다면, 큰 부자는 1만 원을 지불하여 다른 사람이 자신의 차를 세차하게 하면서 그 시간 동안 100만 원을 버는 일을 하지요. 단순히 먹고 사는 문제를 해결하는 사람과 큰 부를 얻으려고 투자를 하는 사람은 생산성에서 큰 차이가 납니다.

5장

사업과 기업 경영

- **동화로 보는 금융** 빌린 종잣돈 일만 냥으로 큰돈을 번 허생
- **금융 이야기** 종잣돈은 사업에 필수!
- **세상 속으로** 자본과 투자
- **동화로 보는 금융** 강아지를 돌보는 사업
- 사업이란?
- **동화로 보는 금융** 아기 다람쥐 약값 마련 프로젝트
- **금융 이야기** 기업의 시작
- **세상 속으로** 기업 경영
- 속담으로 배우는 돈 버는 방법

빌린 종잣돈 일만 냥으로 큰돈을 번 허생

오늘도 허생의 부인은 불평을 털어놓습니다.

"그렇게 방안에 틀어박혀 글만 읽으면 뭘 하는가요? 써먹지도 못하는 공부……."

"또 그 소리! 10년 넘게 계속 들으니 이젠 귀에 딱지가 앉을 지경이라오."

참다못한 허생은 드디어 길을 떠났습니다. 10여 년 동안 변변한 직업 없이 공부만 하며 세월을 보내다가, 드디어 10여 년의 기회비용인 그간 쌓은 지식을 써먹을 기회를 탐색하러 나선 것입니다.

허생은 사람들에게 물었습니다.

"누가 이 한양에서 제일 부자인가요?"

"변 씨라는 사람이 제일 부자지요."

허생은 곧바로 변 씨의 집을 찾아갔어요. 그러고는 그에게 큰절을 올리고 말했습니다.

"내가 무얼 좀 해 보려고 하는데 집이 가난해서 그러니, 만 냥을 꿔 주셨으면 합니다."

　변 씨는 그의 반짝거리는 눈과 당당한 태도를 보고는 비범한 사람임을 알 수 있었습니다. 그래서 흔쾌히 당장 만 냥을 내주었습니다.

　허생은 감사하다는 인사를 할 겨를도 없이 서둘러 길을 떠났습니다. 다시 자기 집에 들르지도 않고 바로 안성으로 내려갔지요. 안성은 경기도와 충청도 사람들이 마주치는 곳이자, 큰 장이 서는 곳이기 때문이었습니다.

　거기서 허생은 대추, 밤, 감, 배, 석류, 귤, 유자 등의 과일을 모조리 두 배 가격으로 사들였습니다. 허생이 과일을 몽땅 쓸어 담았기 때문에 온 나라가 잔치나 제사를 못 지낼 지경이 될 정도였습니다. 얼마 안 가서, 허생에게 두 배 가격으로 과일을 팔았던 상인들이 도리어 열 배의 가격을 주고 사 가게 되었습니다.

다음에 그는 제주도로 건너가서 말총을 죄다 사들이면서 말했습니다.

"몇 해가 지나면 나라 안의 사람들이 머리를 싸매지 못할 것이다."

옛날 남자들은 상투를 틀고 그 위에 그물처럼 생긴 '망건'을 둘렀는데, 그 망건의 원료가 바로 말의 갈기나 꼬리의 털인 '말총'이었습니다. 과연 허생의 말대로 얼마 안 가서 망건값이 열 배로 뛰어올라 그는 큰돈을 벌었답니다.

종잣돈은 사업에 필수!

허생은 10여 년 동안 쌓은 지식을 써먹을 투자 기회를 포착하고 한양 최고의 부자인 변 씨를 찾아가 대담하게 돈 일만 냥을 빌려 행동에 나섰어요. 그 일만 냥이라는 사업 밑천이 있었기에 큰돈을 벌 수 있었지요. 이처럼 사업에서 밑천은 필수입니다.

'돈이 돈을 번다'고 하는 옛 속담처럼, 이자나 이익을 얻기 위해서는 밑천, 즉 종잣돈seed money이 반드시 필요하죠.

〈황금알을 낳는 거위〉라는 동화를 아나요? 주인공 랑네에겐 매일 황금알을 한 개씩 낳는 거위가 있었지만 만족하지 못했어요. 거위의 뱃속에 황금알이 가득 차 있을 테니 한꺼번에 가지겠다는 욕심에 사로잡히게 되지요.

결국 랑네는 거위를 잡아 배를 갈랐어요. 하지만 그 속에는 아무것도 없었답니다. 욕심 때문에 매일 황금알을 하나씩 낳아 주던 소중한 거위만 아깝게 죽어 버렸을 뿐이었어요. 이처럼 황금알을 낳는 거위를 잡거나 농부가 농사를 지을 곡물의 씨앗까지 먹어 치우는 행위는 큰 불행을 안겨 줄 수 있으므로 경계해야 합니다.

> 세상 속으로

자본과 투자

　더 많은 돈을 벌려는 사업가에게는 밑천이, 더 많은 수확을 거두들이려는 농부에게는 씨앗이 꼭 필요해요. 밑천이나 씨앗을 어떻게 활용하면 가장 많은 수익을 올릴 수 있을지를 연구하고 해결 방안을 찾아내어 실천해야 사업에 성공하여 큰 부를 얻을 수 있죠.

　장사나 사업을 하는 데는 돈, 기술, 실력 등의 밑천이 필요해요. 밑천인 종잣돈은 이자 또는 이익을 얻기 위해 쓰이는 곡식의 씨앗과 같은 것으로써, 이를 '자본'이라 합니다. 자본은 사업의 기본이

되는 돈으로, 기업가들은 자본을 가진 사람으로부터 종잣돈을 빌려 쓰고 그 대가로 이자를 지급하지요. 우리가 사용하는 물건이나 서비스는 자본 덕분에 만들어질 수 있어요.

이렇게 자본을 빌려주는 역할은 주로 은행이 합니다. 기업은 은행에서 빌린 돈을 기반으로 투자를 해서 더 많은 돈을 벌고, 번 돈을 은행에 예치하게 되면, 은행은 이 돈을 다시 자본이 필요한 다른 기업들에게 빌려줍니다.

이렇게 돈을 빌리고 투자를 하고 이익을 얻는 과정에서 기업들은 원래의 종잣돈을 활용하여 번 돈을 또 다른 사업을 위한 종잣돈으로 사용하지요. 이런 경제 행위는 굉장히 중요합니다. 이런 활동이 계속 꾸준히 이뤄질 때 기업은 물론 사회와 국가도 발전하게 되기 때문이에요.

강아지를 돌보는 사업

🧑‍🦰 현수야, 넌 눈만 떴다 하면 컴퓨터 게임만 하고 있으니 정말 걱정이구나.

👦 엄마, 전 프로 게이머가 되고 싶어요. 좋아하고 잘하는 일로 돈도 벌고 좋잖아요. 컴퓨터 황제 빌 게이츠도 컴퓨터에 미쳤기 때문에 오늘날 세계 제일의 부자가 됐대요.

👧 엄마, 오빠 정말 프로 게이머가 딱이에요! 그리고 저는 개를 좋아하니 개를 돌봐주는 사업을 하고 싶어요.

👦 맞아요. 봄이는 항상 강아지를 끼고 사니까 그게 좋겠어요. 강아지도 봄이를 엄청 좋아하잖아요.

🧑‍🦰 대부분 자기 집 개는 스스로 돌보는데 사업이 되겠니?

👧 아니에요. 지난번 경수네도 가족 여행 때 반려견을 옆집 아줌마한테 돌봐 달라고 부탁했어요. 그리고 너무 바빠서 반려견 산책을 대신 시켜 줄 사람을 구하는 집도 있고요.

🧑‍🦰 그래? 그럼 그 사업을 하려면 어떤 것들이 필요할까?

👧 우선, 강아지를 돌볼 수 있는 공간이 필요해요. 또, 강아지마다 성격이나 크기도 다를 테니까 그에 맞는 개집이 따로 있어

야 하고요. 돌볼 개가 많아지면 같이 돌봐 줄 사람이 필요하겠죠? 돈이 필요하면 우선 제 저금을 쓰겠지만 부족하면 엄마나 아빠가 좀 빌려주세요. 사업이 잘되면 이자도 드릴게요!

🧑‍🦰 우리 현수와 봄이의 생각이 매우 좋은 것 같애. 좋아하는 일을 하면서 동시에 남에게 도움을 줄 수도 있으니까. 앞으로 엄마도 적극적으로 도와줄게. 그런데 사업을 할 때는 거기에 들어가는 비용은 얼마인지, 또 그 사업을 통해서 얻을 수 있는 이익은 얼마인지를 잘 따져 보는 게 중요하단다. 옛말에도 '장사는 남아야 한다'고 했잖니?

🧑‍🦰 네, 엄마. 사업이 잘되게 계획을 치밀하게 세우고, 이익이 많이 나도록 열심히 뛸게요.

사업이란?

앞의 이야기에서 현수와 봄이는 자신들이 좋아하고 잘하는 일을 직업과 사업 종목으로 선택했어요. 그런데 사업 종목이 자신만 좋아하는 일이어서는 곤란해요. 사업은 다른 사람에게도 필요하고 유익해야 하지요. 그래야 고객들이 계속 이용해 줄 테니까요. 물론, 이익 발생은 기본입니다.

사업은 어떤 일을 일정한 목적과 계획을 가지고 짜임새 있게 지속적으로 경영하는 것으로, 처음에는 대부분 아이디어나 꿈으로 시작해요. 이 세상엔 무수히 많은 사업이 존재합니다. 세상에 어떤 사업이 있는지 다 알기가 불가능할 정도로요.

사업을 할 때 꼭 필요한 세 가지가 있어요. 바로 '생산의 3요소' 예요. 개를 돌보는 사업을 한다면 먼저 사업할 땅, 즉 토지가 필요하고, 그 토지에 '개 돌봄 사업'을 수행할 건물과 개집, 장비 등을 들여놓을 자본이 필요하며, 마지막으로 개를 돌봐 주는 사람, 즉

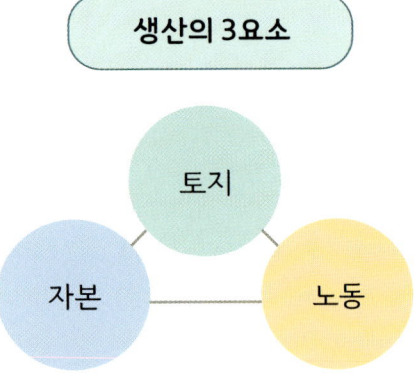

일할 사람이 필요해요.

그런데 사업은 나이 많은 어른들만 하는 것일까요? 그렇지는 않아요. 젊은 나이에 사업을 일으켜 성공한 사람들도 많답니다. 그러니 사업에 관심이 있다면 어릴 때부터 미리 생각하고 알아보며 공부해 두었다가 좋은 사업 기회가 왔을 때 이를 놓치지 않고 실천해 보는 것도 좋아요.

✦ 사업을 시작할 때 주의할 점

어떤 사업을 시작할 때는 몇 가지 주의할 점이 있습니다. 아래와 같은 질문들에 답할 수 있도록 많이 생각하고 조사해야 해요.
- 사업 자금을 어떻게 마련할 것인가?
- 사업 관련 기술이나 정보, 전문성은 충분히 갖추고 있는가?
- 생산하려고 하는 제품을 구매할 사람들이 충분히 많은가?
- 생산 관련 비용은 얼마 정도이며, 그 대가로 벌 수 있는 수익은 어느 정도인가?

앞에서 살펴본 대로, 사업을 하려면 건물과 기계, 도구, 장비(자본)가 필요해요. 물건이나 서비스를 생산할 장소(토지)도 필요하고, 생산하는 사람(노동)도 있어야 하지요. 이 외에도 생산하려는 물건이나 서비스를 필요로 하는 사람들이 많은지, 생산하는 데 들어가는 비용보다 그것을 팔아서 얻을 수 있는 이익이 더 큰지 등을 잘 따져 봐야 합니다. 그래야 사업을 하는 본인에게도 이익이 되고, 사회와 국가 발전에도 도움이 되니까요.

✦ 비용 편익 분석

사업을 하여 돈을 벌게 되면, 그 돈을 사업 확장에 투자하거나 다른 새로운 부문에 투자하여 더 큰돈을 벌 수 있어요.

돈으로 더 많은 돈을 벌기 위해서는 장기적인 관점으로 볼 때 수익성이 어느 정도나 될지 등 여러 가지 조건을 고려하여 투자를 해야 하는데, 이때 '비용 편익 분석'은 필수입니다.

'비용 편익 분석'이란 '한 대안에 투입될 비용과 그 대안으로 인해 거둘 편익(수익)이 얼마나 될지를 추정하여 비교해서 그 안의 채택 여부를 결정하는 것'을 말합니다. 투입 비용보다 얻게 되는 수익이 더 커야 '경제적'이라 할 수 있고, 그러한 투자가 '합리적인 투자'라고 할 수 있겠죠. 이런 투자에는 어느 정도는 모험을 감행할 수 있는 두둑한 배짱도 있어야 합니다.

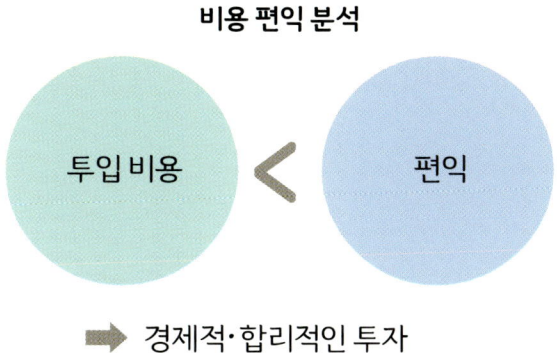

 이런 세심함과 대담성을 동시에 가지고, 충동적 감정이나 분위기에 휩쓸리는 투자가 아닌, 신뢰할 수 있는 자료를 바탕으로 합리적인 분석을 한 후 의사 결정을 하는 투자 기법을 잘 익혀 두어야 합니다. 이런 과정을 거쳐 자신이 현재 가지고 있는 자본을 적절한 곳에 적절한 방법으로 투자한다면 큰돈을 모을 수 있을 거예요.

아기 다람쥐 약값 마련 프로젝트

어느 깊은 숲속 마을에 여러 동물이 정답게 살고 있었어요.

그런데 어느 날, 아기 다람쥐가 열이 펄펄 끓는 것이 아니겠어요? 토끼 의사 선생님은 아기 다람쥐를 이리저리 진찰한 뒤 엄마 다람쥐에게 말했어요.

"아기 다람쥐는 희귀한 열병에 걸린 것 같군요. 그런데 우리 마을에는 이 병을 치료하는 약이 없습니다. 큰 도시에 가도 엄청나게 비싸서 아마 살 수 없을 거예요."

토끼 선생님의 말에 엄마 다람쥐는 너무너무 슬프고 안타까웠어요. 이 소식을 듣게 된 마을 동물들은 걱정스러워서 같이 모여 의논을 했어요. 똑똑한 사슴이 말했어요.

"우리 함께 꽃으로 목걸이를 만들어 팔아서 아기 다람쥐의 약값을 마련해요."

이 말을 들은 마을 동물들은 모두 찬성했고, 각자 할 일을 정했어요. 손재주가 좋은 원숭이 아줌마가 꽃목걸이를 만들고, 목걸이에 쓰일 꽃은 너구리들이 따오기로 했어요.

그런데 예쁜 꽃이 많이 피어 있는 곳으로 가려면 개구리 뱃사공의 배를 타고 개울을 넘어야 했어요. 한 번 갔다 오는데 뱃삯이 3,000원이나 들었죠.

"목걸이 줄은 옆 마을에서 사 오고 뱃삯은 나중에 꽃목걸이를 판 돈에서 일부를 지불하는 것이 어떨까요? 그리고 꽃목걸이를 어디서 만들어서 어떻게 팔죠?"

사슴의 말에 반달곰 아저씨가 말했어요.

"우리 집 옆의 커다란 동굴에서 만들도록 해. 겨울에 내가 겨울잠을 자는 곳이야."

여우가 새침하게 말했어요.

"내가 컴퓨터를 잘하니까 인터넷 쇼핑 사이트에 올릴게. 그 정도는 할 수 있어."

그러자 기러기가 큰 소리로 말했어요.

"배달은 내가 할게. 아무리 먼 곳이라도 빨리 날아갈 수 있거든!"

너구리들이 꽃밭에서 예쁜 꽃을 따오면 사슴은 작은 수레에 그 꽃들을 담아서 개구리의 배를 타고 원숭이 아줌마에게 갖다 주었어요. 원숭이 아줌마가 여러 가지 아름다운 모양의 꽃목걸이를 만들면 여우는 그것을 쇼핑 사이트에 올렸죠. 그러자 주문이 마구마구 밀려드는 것이 아니겠어요? 원숭이 아줌마가 만든 꽃목걸이는 기러기가 바로바로 배달해서 주문한 동물들에게 배송되었어요. 숲속 마을의 꽃목걸이가 너무 예쁘다는 소문이 전국으로 퍼지자 주문은 엄청나게 늘어났어요.

숲속 마을 동물들은 그렇게 각자의 장점을 살려 역할을 분담해서 열심히 일한 결과 장사에 성공해서 많은 돈을 벌었어요. 물론 힘들기도 했지만 모두 열심히 노력했어요. 그리고 마침내 약값을 마련하여 엄마 다람쥐를 찾아갔어요.

"여기 아기 다람쥐의 약값이야. 우리 마을 동물들이 다 같이 노력해서 벌었어!"

엄마 다람쥐는 감동한 나머지 눈물을 흘렸어요.

"정말 고마워. 이 은혜 잊지 않을게!"

엄마 다람쥐는 아기 다람쥐를 데리고 도시에 있는 부엉이 의사 선생님에게 가서 약을 처방 받았어요. 일주일 후 약을 먹고 다 나은 아기 다람쥐는 깡충깡충 뛰며 학교에도 가고 친구들과도 즐겁게 놀 수 있었답니다.

금융이야기
기업의 시작

〈아기 다람쥐 약값 마련 프로젝트〉에서 열병에 걸려 고생하는 아기 다람쥐를 돕기 위해 너구리, 사슴, 반달곰, 원숭이 아줌마, 여우, 기러기 등 모두가 발 벗고 나섰어요. 하나의 목표 아래 함께 힘을 합쳐 사업을 한 결과, '약값 마련'이라는 목표를 달성하는 데 성공했고 아기 다람쥐는 병을 고칠 수 있었지요.

동물 마을 가족들은 그 과정에서 자신들이 어떤 사업을 어떤 식으로 운영해야 가장 돈을 많이 벌 수 있는가를 알게 되었고, 각자 가지고 있는 장기를 최대한 발휘했죠.

동물들이 이렇게 돈을 벌겠다는 목표 아래 힘을 합쳐 일해 이윤을 거둔 것이 바로 '기업' 활동의 시작이라고 할 수 있어요. 이러한 활동이 지속되고 조직이 강화되면 정식 기업이 되는 것이지요.

삼성전자, 포항제철, 현대자동차처럼 생산 활동을 수행하는 조직체를 기업이라고 해요. 기업은 가계, 정부와 함께 3대 경제 주체로 시장 경제를 움직이는 중요한 축이에요.

기업 경영

　기업은 자본, 노동, 토지 등과 같은 생산 요소를 가지고 생산 활동을 하면서 이윤을 추구해요. 기업의 목표는 다양해 보이지만 일반적으로 이윤을 극대화하는 것이 가장 중요한 목표예요.

　기업은 크게 개인이 자신의 이익 등을 목적으로 하여 운영하는 민간 기업(사기업)과, 국가 또는 공공 단체가 공공의 이익을 위하여 운영하는 공기업으로 구분할 수 있어요.

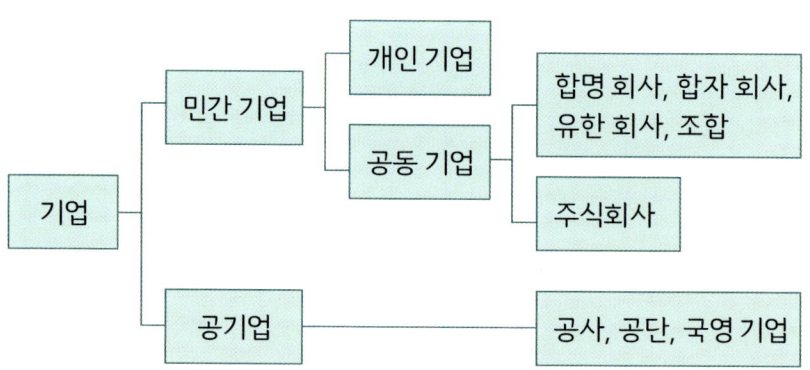

　민간 기업은 다시 개인 기업과 공동 기업으로 나눌 수 있어요. 개인 기업은 주위에서 흔히 볼 수 있는 치킨집부터 IT 기업까지 개인 사업자가 운영하는 기업이에요.

공동 기업은 여러 사람이 모여 만든 회사로, 합명 회사, 합자 회사, 유한 회사, 조합이 있어요. 여러분이 비교적 많이 들어 보았을 주식회사도 공동 기업의 한 형태라고 할 수 있어요.

공기업은 정부가 소유하고 운영하는 기업으로, 수도·도로·철도·우편처럼 큰 자본이 드는 사업이나 국민 모두에게 똑같은 서비스를 제공하기 위한 공익적인 사업을 해요.

기업은 생산과 유통을 통하여 사회적 수요를 충족시키고 얻어진 수익을 분배해요. 즉, 생산을 위해 노동을 한 노동자에겐 임금을, 돈을 빌려준 자본가에겐 이자를, 땅을 빌려준 지주에겐 지대(땅값)를, 나라에는 세금의 형태로 분배하는 것이지요. 기업은 영리를 추구하는 경제적인 사업을 한다는 점에서 정부나 교회 등의 비영리 조직과 구별됩니다.

생산에는 눈에 보이는 재화(물품)를 생산하는 제조업뿐 아니라 눈에 보이지 않는 무형의 서비스를 생산하는 금융업·보험업·해운업·창고업·운수업 등도 포함돼요.

자본과 노동, 원료 등과 같은 생산 요소를 결합하여 새로운 부가가치를 가지는 재화(물건)와 용역(서비스)을 생산하고 기업을 경영하는 사람을 '기업가'라고 해요. 기업가는 부를 증대시키기 위해 최선을 다하고, 대체로 투자를 통하여 자본을 늘려요. 예를 들면, 전자 회사가 새 공장을 짓는다든지 새로운 기계 설비를 갖추는 것, 백화점이 매장을 넓히고 내부를 아름답게 꾸며서 팔 물건을 보기 좋게 진열해 놓는 것, 자동차 회사가 제철 회사로부터 철강을 사서 창고에 보관하는 것 등이 있어요.

속담으로 배우는 돈 버는 방법

속담에 나타난 돈 버는 방법에는 어떠한 것들이 있을까요?

첫째, '소같이 벌어서 쥐같이 먹어라'가 있습니다. 이것은 들어오는 수입은 최대로 하고 나가는 지출은 최소로 하라는 말이에요. 어려운 말로 '고생산 저소비형 축적 방안'이라고 할 수 있어요. 그래야 돈이 벌리고 재산이 모아지겠지요. 부자가 되는 제일의 지름길입니다. 비슷한 속담으로 '두더지 땅굴 파듯', '드나드는 개가 꿩을 문다'가 있어요.

둘째, '돈 한 푼을 쥐면 손에서 땀이 난다'가 있습니다. 이 속담은 자기 손안에 소득이 들어오면 그 돈을 놓치지 않으려고 계속 꼭 쥐고 있다 보니 손에서 땀이 나 돈까지 젖는다는 뜻이에요. 지출을 최대한 억제하려는 소비자의 모습이 잘 나타나 있죠. '절약형 축적 방안'을 강조한 속담입니다. 비슷한 속담으로 '굳은 땅에 물이 고인다', '없을 때는 참아야 하고 있을 때는 아껴야 한다', '가을 식은 밥이 봄 양식이다', '입하고 주머니는 동여매야 한다', '입과 곳간은 달아 두어야 한다' 같은 것들을 들 수 있어요.

셋째, '티끌 모아 태산'이 있습니다. '목표 지향형 축적 방안'이라고 할 수 있지요. '티끌같이 적은 돈이라도 꾸준히 모아서 태산같이 큰돈을 만들겠다'는 분명한 목표가 있으면 고통을 참아내고 일의 능률을 극대화할 수 있을 거예요. 비슷한 속담으로 '푼돈 모아 목돈 마련', '삼십 전에 자식이요, 사십 전에 재물이라'가 있습니다.

넷째, '돈이 돈을 번다'가 있습니다. 종잣돈을 이익을 얻기 위한 자본으로 활용하라는 말이에요. '활용형 축적 방안'이지요. 이것은 돈을 버는 가장 성공적인 방법으로, 자본주의의 특성을 잘 보여 주는 부의 축적 방안이라 할 수 있습니다. 비슷한 속담으로 '돈만 있으면 장사를 잘하고 소매가 길면 춤을 잘 춘다'가 있어요.

6장

억만장자가 되고 싶어요

- 백만장자와 억만장자의 차이점
- 억만장자가 되는 비법
- 억만장자와 일반인의 차이점

백만장자와 억만장자의 차이점

대체로 사람들은 잘살기를 원해요. 그런데 잘사는 정도는 어느 정도가 되어야 만족할 수 있을까요? 예전엔 백만장자가 어마어마한 부자였지만 오늘날은 어마어마한 부자라고 하려면 억만장자 정도는 돼야 하지요. 백만장자와 억만장자의 차이는 뭘까요?

첫째, 재산 규모가 다릅니다.

예전엔 세계 최고 부자를 백만장자millionaire라고 했지요. 그런데 요사이는 세계 최고 부자 대열에 들어가려면 그 100배 정도 부자가 되어야 합니다. 그런 부자를 억만장자billionaire라고 해요. 억만장자가 되면 최소 자산의 단위가 100억 원(백만장자) 정도에서 그것의 100배가 되는 1조 원(억만장자)으로 바뀝니다. 보통 최소 10억 달러(약 1조 2,400억 원) 이상의 순자산을 보유한 사람이지요. 미국의 경제 전문지 포브스Forbes는 해마다 전 세계 억만장자들의 명단을 집계해 발표하는데, 2022년 발표한 억만장자는 2,668명이었어요.

둘째, 힘과 영향력에서 크게 차이가 납니다.

백만장자는 보통 호텔 하나를 소유하고 있지만, 노르웨이의 억만장자인 페터 스토달렌Petter Stordalen은 체인점만 200여 개에 달하는 호텔 그룹을 소유하고 있어요. 백만장자는 회사 하나를 경영하는 게 전부지만, 억만장자들은 말 그대로 세상을 바꿉니다. 백만장자는 공장 하나를 소유하지만, 억만장자인 프랑크 스트로나흐Frank Stronach는 공장 400개를 가지고 있어요. 백만장자는 식당을 한 곳이나 몇 군데 정도 소유할 수 있지만, 호주의 억만장자 잭 코윈Jack Cowin은 식당 3,000개의 지분을 가지고 있지요. 이렇게 백만장자와 억만장자는 자산의 규모, 사업체와 종업원의 수, 국민경제에 끼치는 영향력 등에서 큰 차이가 납니다.

코펜하겐 공항에 있는 페터 스토달렌 소유의 호텔
(News Oresund, CC BY 2.0 <https://creativecommons.org/licenses/by/2.0>, via Wikimedia Commons)

억만장자가 되는 비법

첫째, 큰 꿈을 꾸어라.

리처드 바크Richard Bach가 지은 〈갈매기의 꿈〉이라는 책에는 '더 높이 나는 갈매기가 더 멀리 본다.The gull sees the farthest who flies the highest.'라는 말이 나옵니다.

더 멀리 보려면 더 높이 날겠다는 야망과 그 야망을 실현할 수 있는 비행 기술이 필요해요. 야망과 큰 꿈을 품으면 가슴이 뛰고 몸을 움직이게 되지요.

스티브 잡스는 스탠퍼드 대학교 졸업식 연설에서 "Stay hungry, stay foolish!(계속 배고픈 상태에서 머물러라(끊임없이 갈망할 수 있도록), 계속 바보인 상태에서 머물러라(끝없이 배우고 노력할 수 있도록)!"라는 명언으로 감동을 주었어요. 보통 사람들은 현실에 안주하면서 작은 꿈을 꾸지만, 억만장자들은 큰 꿈을 끝없이 갈망하고, 하늘보다 더 높이 치솟고 싶은 욕망을 지니고 있으며, 그것을 실현시키기 위해 부단히 노력하며 야심 차게 그 꿈을 따른답니다.

둘째, 열정을 쏟아라.

공자는 〈논어〉에서 '알기만 하는 사람은 좋아하는 사람만 못하고, 좋아하는 사람은 즐기는 사람만 못하다'라고 했어요. 이것은 자기 일을 사랑하는 사람만이 성공한다는 뜻이지요. 결과가 아닌 과정을 즐기라는 것입니다. 억만장자는 대체로 근면하고 성실하며 자기 일에 열정을 쏟아요. 또 끊임없이 배우려 하고, 모든 배움의 기회를 활용하지요.

셋째, 부자가 되는 습관을 지켜라.

부자가 되기 위해서는 일찍 일어나야 하고, 건강을 유지해야 하며, 독서를 많이 해야 합니다. 또, 사색하고, 규칙적으로 일하며, 규율 등을 열심히 지키고, 어떤 상황에서도 불의한 일에 타협하지 않는 태도를 갖는 것이 중요해요.

넷째, 비전을 가져라.

'비전vision'이란 개인이나 조직이 장기적으로 지향하는 목표, 가치관, 이념 등을 말해요. 비전은 개인이나 조직이 앞으로 갖추게 될 이상적인 모습을 보여주지요. 훌륭한 비전은 사람들을 매혹하고, 함께 행동하고 싶게 만들어요. 그러므로 억만장자가 되겠다면 가장 중요한 것을 비전으로 선택하고, 그 비전의 가치를 효과적으로 전달하는 것이 중요합니다.

다섯째, 돈 관리법을 배워라.

돈 관리법을 모르면 억만장자가 될 수 없어요. 돈과 재정에 대해 배우고, 돈이 많을수록 검소해져야 합니다. 돈 관리를 연습하는 가장 좋은 방법은 자신이 돈을 어디에 사용했는지 지출한 내역을 따져 보는 거예요. 사업을 하게 된다면 매출이 아닌 수익에 집중하는 것이 중요해요. 또, 여러 금융 상품에 대해서도 잘 알아야 합니다. 기업이 일정한 기간에 쓴 비용과 거둔 이익이 얼마인지 계산한 '손익 계산서'와 기업의 재정 상태, 즉 부채와 자본이 얼마인지 한눈에 볼 수 있도록 도표로 정리한 '대차 대조표', 그리고 현금 흐름도 이해해야 하지요. 이런 것을 모른 채 억만장자가 될 수는 없습니다.

억만장자와 일반인의 차이점

첫째, 억만장자는 자신의 시작을 믿습니다.

나의 미래에 믿음을 가지고, 무엇이든 가능하다고 자신을 무한히 신뢰하는 것이 중요해요. '그게 되겠어?'라며 의심하는 사람들에게 대처하는 법을 배우고, 나만의 배를 띄워 힘차게 노 저어 가야 하니까요. 하지만 독일 속담에 '오만한 사람은 반드시 넘어진다'라는 말이 있죠. 자신감은 중요한 요소이지만, 너무 지나친 자신감은 일의 진행 속도를 늦추거나 심지어 큰 불행을 가져올 수도 있으므로 주의해야 해요.

일반 사람들은 다른 사람들이 어떻게 생각할지 눈치를 보거나 '내가 과연 이 사업을 성공시킬 수 있을까?' 의심하면서 뚜렷한 확신을 갖지 못해요. 그런데 억만장자는 자신이 하는 일에 대한 확고한 소신이 있습니다. 나름대로 일에 대한 재미, 관심, 열정, 비전, 확신으로 충만하고, 일의 성패는 크게 문제가 되지 않아요. 그들에겐 실패가 아니라 연습이 계속될 뿐이니까요. 좋은 예로 에디슨의 전구 실험이 있어요. 에디슨은 자신의 전구 실험에 대해 다음과 같이 강조했답니다.

"다른 사람들은 1,999번째의 실패라고 하지만 나는 아직 1,999번째 연습을 하고 있을 뿐이다."

둘째, 억만장자들은 돈을 위해서 일하지 않습니다.

보통 사람들은 부자가 되겠다고 목표를 세우고 나서 마침내 그 목표를 달성하면 의욕을 잃기 쉬워요. 하지만 억만장자는 개인적인 부가 아닌 다른 것에서 동기를 찾으며, 목적의식이 강하고, 성장하려는 의욕을 절대 잃지 않습니다.

억만장자들은 돈을 위해서 일하지 않아요. 그들을 움직이는 것은 돈이 아니라 재미예요. 절대 한곳에 정착하지 않고, 편안함에 안주하지 않으며, 은퇴를 갈망하지 않습니다. 일 자체가 좋고 재미있어서 하다 보니 돈이 저절로 들어와 큰 부자가 된다는 것이지요.

빌 게이츠의 '마이크로소프트 성공 신화', 스티브 잡스의 '애플 성공 신화', 일론 머스크의 '테슬라 성공 신화' 등은 이를 잘 입증해주고 있어요. 이 억만장자들은 모두 '돈이 아닌 내가 좋아하는 일을 좇았다'라고 고백합니다. 자신이 좋아하는 일에 열정을 쏟고 전문성을 키웠으며, 미래에 대한 비전을 좇아 전력투구한 결과 돈이 상상을 초월할 정도로 몰려와 어느 순간 억만장자가 되어 있더라는 거예요.

셋째, 관습에 순응하지 않습니다.

억만장자는 아무도 가 보지 않은 길을 가고, 트렌드를 창조해요. 보통의 부자들은 모든 규칙을 알고 이를 능숙하게 적용하는 능력은 탁월합니다. 하지만 억만장자는 규칙을 전부 숙지하고 있지만, 그런 규칙도 다 사람이 만들었다는 것을 알아요. 그래서 시스템의 허점을 찾아서 자기에게 유리하게 활용해요. 그리고 새로운 규칙과 체계를 창조하지요.

일반 사람들은 정해진 규칙, 전해 내려오는 전통과 관습을 그대로 따르려고 최선을 다합니다. 그런데 억만장자는 남들이 가지 않은 길을 가려고 애를 써요. 왜 그럴까요?

이미 모든 사람에게 익숙한 것은 호기심을 일으키기 어렵고, 희소성이 거의 없어요. 경제에서 '희소성이 없다'는 것은 '가치가 없다'는 뜻이고, '가치가 없다'는 것은 '돈이 되지 않는다'는 뜻이지요. 억만장자는 '미래 사람들에게 꼭 필요한 것', 그렇지만 '현재의 일반 사람들은 찾아내지 못하는 그것'을 찾아내는 신출귀몰한 능력과 열정, 전문성이 있습니다. 바로 그 덕분에 큰 부를 쌓아 억만장자가 될 수 있었던 거예요.

넷째, 억만장자는 빠른 실행이 생명임을 잘 압니다.

오늘날 우리는 빛의 속도로 변하는 세상에 살고 있어요. 이러한 세계에서 사업을 수행하는 억만장자에게는 실행과 속도가 생명이라고 할 수 있어요. 그러므로 현명하게 일하는 것이 매우 중요하지요.

일반 사람들은 모험을 싫어하고 안전을 추구해요. 돌다리도 두드리면서 확인하고 걸으니 속도가 날 리가 없지요. 그렇지만 억만장자는 모험을 추구하고, 현재보다는 불확실성으로 가득한 미래에 관심을 집중합니다. '사람들에게 더 편하고 더 가치 있는 것을 더 빨리 찾아내어 상품으로 만들어 내는 것이 큰돈이 된다'는 것을 직감적으로 알고, 결국 성공시키죠. 빠른 실행을 통해 억만장자가 된 거예요.

다섯째, 변화의 주도자가 됩니다.

억만장자는 문제가 생겼을 때 이를 해결하는 것을 좋아해요. 또, 변화를 받아들일 뿐 아니라 적극적으로 활용하는 '변화의 주도자'가 되지요. 억만장자는 실패를 감수하고 인정합니다. 실패를 통해 배워 앞으로 나아가며 결코 뒤를 돌아보지 않지요. 앞으로 나아가기 위해서는 실수가 불가피하다는 것을 잘 알아요.

일반 사람들은 변화보다는 안정을 좋아해요. 현실에 안주하려 하고, 새로운 변화를 시도하려 하는 사람들을 여러 가지 이유로 꺼립니다. 기득권을 끝끝내 지키려 하고 이를 빼앗기지 않으려 애쓰지요. 이에 비해 억만장자는 변화가 부를 획득할 수 있는 가장 좋은 기회라고 생각하여 변화의 주도자가 되죠. 그래서 '난세에 영웅이 나고, 혼란기에 재벌이 탄생한다'라는 말이 나온 거예요. 갑작스러운 혼란은 원래 부와 권력을 쥐고 있던 사람들에게는 엄청난 위협이 될 수 있지만, 억만장자가 되려는 사람에게는 절호의 기회가 돼요. 이러한 기회가 오기를 기다렸다가 준비된 역량을 아낌없이 발휘하여 '매가 먹이를 낚아채듯' 큰 부를 잽싸게 챙깁니다. 순발력과 인내력으로 억만장자가 된 거예요.

여섯째, 감사하는 마음으로 보답합니다.

억만장자들 대부분은 항상 감사하는 마음을 가진답니다. 자신의 힘을 좋은 일에 사용하고, 가능한 한 남을 많이 돕고, 자선 활동에 참여하며, 직접 자선 사업을 하기도 하죠. 그래서 사람들로부터 많은 존경을 받습니다. 빌 게이츠를 보세요. 그는 경영자로서 훌륭한 리더십을 발휘하기도 했지만, 말라리아와 에이즈 등 세상의 가난한 지역들을 괴롭히는 여러 질병과 싸우는 일에 큰돈을 아낌없이 기부했기 때문에 더 많은 존경을 받고 있어요. 그 밖에도 근로자들을 위해 병원과 학교를 지은 헨리 포드, 흑인을 위해 학교와 대학 두 곳을 설립하고, 중요한 백신 개발을 위한 여러 연구소를 설립한 존 록펠러 1세John D. Rockefeller, 재산의 80% 이상을 자선 사업에 기부한 J.P. 모건John Pierpont Morgan 등이 있지요.

일곱째, 기꺼이 대가를 치릅니다.

억만장자는 수천 명 또는 수십만 명에 달하는 직원과 가족을 책임져야 하기 때문에 늘 스트레스에 시달릴 각오를 해야 하죠. 그러나 스트레스가 너무 심하다는 이유로 일을 포기하거나 회사를 그만둘 수는 없어요. 그래서 억만장자는 고독할 수밖에 없고, 목표를 위해 큰 희생을 해야만 한다는 사실을 받아들여야 합니다.

보통 사람들은 어떤 희생도 감수하려 하지 않아요. 기회비용을 치르기를 싫어하며, 좋았던 과거를 그리워하고 그 과거의 달콤한 추억만을 즐기려 하지요. 또, 번거롭고 스트레스가 쌓일 일은 절대로 하지 않으려고 갖은 애를 씁니다. 그런데 억만장자는 자신만의 편안함을 추구하기보다는 다른 사람들에게 더 편리하고 유익한 일이 무엇인지 탐색하고, 그것을 이룰 방법을 찾아 나섭니다. 그러다 보면 많은 사람을 더 편리하고 유익하게 해주는 상품을 개발하여 결국 억만장자가 되는 거예요.

7장

주식

- 주식이란?
- 주식 거래가 필요한 이유
- 돈을 버는 주식 투자
- **동화로 보는 금융** 붕붕이네 벌꿀 파이 가게
- **금융 이야기** 주가가 오르면
- **세상 속으로** 주식 시장

주식이란?

'주식'이란 말을 들어 보았나요? 텔레비전 뉴스나 신문, 어른들의 대화에서도 자주 등장하는 말이지요. 여러분 중에도 주식이 무엇인지 어렴풋하게나마 알고 있는 친구들이 있을 거예요. 하지만 막상 "주식이 뭐지?", "주식은 왜 사지?", "회사를 세우려면 많은 돈이 필요할 텐데, 그 돈은 어떻게 마련할까?" 하는 질문에는 대답하기 어려울 거예요.

기업이 물건을 만들어 팔려면 돈이 필요해요. 이런 돈은 어떻게 마련할까요? 크게 두 가지 방법이 있어요. 하나는 은행에서 빌리는 것이고, 두 번째는 회사 주식을 주식 시장에 내다 파는 거예요.

'주식stock'이란 '주식회사의 자본을 이루는 단위로, 주식회사의 소유권을 나타내는 증서'예요. 이 주식을 가지고 있는 사람을 주식의 주인, 즉 '주주'라고 하지요. 삼성전자(주), 현대자동차(주), SK텔레콤(주), KT(주) 같은 회사 이름 많이 들어 봤죠? 이 이름들 뒤에 붙어 있는 '주'가 바로 '주식회사'의 약자랍니다. 주식회사는 수많은 주주에게 주식을 팔아 자금을 마련해요.

이렇게 주식 시장에서 주식을 파는 기업을 '상장 기업'이라고 한답니다. 오늘날 기업들 대부분은 큰 자본이 필요하기 때문에 이와 같은 주식회사의 형태로 운영돼요.

주식회사의 규모가 커지면 주주의 수도 매우 많아져요. 큰 규모의 주식회사 같은 경우는 주식을 가장 많이 가진 주주가 실제 경영을 맡는 사례도 많았어요. 하지만 최근에는 주주가 아니라 전문 경영인을 임명해서 회사를 운영하는 곳들이 늘어나고 있죠. 이것을 '소유와 경영의 분리'라고 해요.

주주들은 회사의 소유자이기는 하지만 회사의 채무(빚)에 대해서는 자기가 소유한 주식의 한도 안에서만 책임을 져요.

주식 거래가 필요한 이유

　기업이 주식을 처음으로 발행할 때 주식 하나의 가격을 정하는데, 이것을 '액면가'라고 해요. 예를 들어, 액면가 5,000원의 주식을 10만 주 이상 찍어 내어 팔면, 그것을 사는 사람들은 주주가 되는 것이지요. 주주들은 회사에 대해 자신이 가진 주식의 비율만큼 권리를 가지게 돼요. 회의를 열고 회사의 방침을 정할 수 있으며, 회사 연간 수입의 일정액 이상을 배당받게 됩니다.

주주들이 모여 회사의 방침에 대한 의사를 결정하는 주주 총회

한 회사의 주식을 많이 가진 '거대 주주'는 큰 이익을 얻을 수도 있지만 그 회사가 손해를 보게 될 때는 자신도 그만큼 손해를 볼 위험이 커지게 돼요.

액면가(화폐나 증권 등에 적힌 실제 가격)와 다른 '시장가'라는 것이 있어요. 주식의 실제 가격을 '주가'라고 하는데, 이 주가가 실제 시장에서 거래되는 가격이 시장가예요. 기업들이 노력해서 이익을 많이 남기면 주식을 사려는 사람들이 늘어나고, 그러면 주가는 오르게 되죠. 이러면 시장가 역시 올라가게 됩니다. 반면에 주식 가격이 계속 떨어지면 회사의 자산이 줄어드는 것이니 기업들은 주가를 끌어올리기 위해 많은 노력을 기울이지요.

주식 거래로 기업들은 필요한 자금을 마련할 수 있고, 투자가들은 돈을 벌 수 있는 기회를 잡을 수 있어요. 주식을 가진다는 것은 내가 돈을 위해서 일하는 것이 아니라, 돈이 나를 위해서 일을 하도록 한다는 뜻입니다. 이렇게 되면 월급 생활자들도 충분히 부자가 될 수 있지요.

활발한 주식 거래는 경제 발전에도 큰 도움을 주므로, 주식 시장을 '자본주의의 꽃'이라고 부르기도 한답니다.

돈을 버는 주식 투자

✦ 주가와 배당금

사람들은 돈을 벌기 위해 주식을 사고판다고 하지요. 어떻게 주식을 통해 돈을 벌 수 있을까요?

주식에 투자해서 돈을 버는 방법에는 두 가지가 있어요. 첫 번째는 투자한 회사로부터 배당금(주식 투자자에게 주는 회사의 이익 분배금)을 받는 거예요. 회사가 경영을 잘해서 이윤을 얻게 되면 그중 일부를 배당금의 형태로 주주들에게 돌려줍니다.

두 번째는 주식을 산 가격보다 비싸게 팔아서 돈을 버는 방법이에요. 자신이 샀던 주식의 가격이 오르면 돈을 벌게 되는 것이지요.

원활하게 운영되어 수익이 많은 회사라면 많은 사람들이 그 회사의 주식을 사려고 할 것이므로 주가가 높아지게 되죠. 그러면 처음에 산 가격보다 훨씬 비싼 가격에 팔아 큰돈을 벌 수 있고, 배당금도 많이 챙길 수 있으니 그야말로 '꿩 먹고 알 먹고'라고 할 수 있지요.

하지만 경제 사정이 나빠 장사가 안된 탓에 주식 가격이 떨어지면 배당금을 받지 못할 수도 있어요. 그러면 큰 손해를 볼 수 있고, 심지어 회사가 문을 닫게 되면 갖고 있던 주식은 아무 소용없는 휴짓 조각이 될 수도 있지요.

✦ 회사의 주인, 주주

주주가 되면 회사 경영에 참여할 권리가 생겨요. 주식 투자자 중에는 그 회사에 근무하는 사람들도 많아요. 자기 회사 주식을 갖고 있는 근로자들은 주가가 오르면 그만큼 자신의 이익이 커지니까 더 열심히 일하게 되죠.

매우 많은 양의 주식을 가지고 있는 주주들도 있습니다. '테슬라'의 일론 머스크 회장, '아마존'의 제프 베이조스 회장, '마이크로소프트'의 빌 게이츠 등이 그렇지요. 그들은 기업의 주가가 많이 올라도 좀처럼 팔지 않아요. 왜 그럴까요? 주식을 팔면 기업에 대한 지배권이 그만큼 줄어들기 때문이지요.

✦ 현명한 투자 방법

현명한 투자가들은 '황금알을 낳는 거위'의 주인처럼 지나치게 욕심을 부리지 않아요. 분명한 목표를 세우고 이를 반드시 지키지요. 예를 들어, '주식 가격의 10%만큼 이익을 거두자'는 목표를 정했다면 단기간에 이익을 얻기 위해 유행이나 소문을 따라 가격도 낮고 위험성이 높은 주식을 사기 보다는, 수익성이 좋고 경영도 잘 되는 회사의 '우량주(수익과 배당이 높은 일류 회사의 주식)'에 돈을 나누어 투자해요. 실패하는 투자자들 대부분은 가격이 낮은 주식을 선호하지만, 성공하는 투자자는 가격이 비싸더라도 우량주를 선호해요.

또, 주식을 직접 사고파는 것이 아니라 전문가에게 매월 일정한 액수를 맡겨 주식을 운용하게 하는 '적립식 펀드'를 하고 있다면 계속 유지하는 것이 좋아요. 적금처럼 부어서 2~3년 후에 목돈을 만드는 방식이므로, 단기간에 주식 가격이 오르고 내린다고 해서 분위기에 휩쓸려 금방 샀다가 팔았다가 하지는 않는 것이 좋아요.

붕붕이네 벌꿀 파이 가게

 꿀벌, 나비, 매미, 개미, 메뚜기, 하늘소, 잠자리, 풍뎅이 등이 함께 사는 곤충 나라가 있었습니다.

 어느 날 꿀벌 붕붕이 아빠가 말했어요.

 "요즘 다른 곤충 가족들이 우리 꿀벌 가족은 어떻게 그렇게 늘 건강하냐고, 비결이 뭐냐고 자주 묻더군요."

 그러자 붕붕이 엄마가 웃으며 말했어요.

 "하하, 맞아요. 우리 식구들은 생전 감기 한 번 걸리는 일 없이 건강하니 비결이 뭐냐고 다들 부러워하더라고요."

 "비결이랄 게 있나? 우린 그저 몸에 좋은 벌꿀을 매일 먹는 것뿐인데 말이에요."

 아빠의 말에 엄마가 눈을 빛내며 말했어요.

 "아! 우리, 벌꿀을 이용해서 뭔가를 만들어 판매를 해 보면 어떨까요?"

 아빠는 환히 웃으며 대답했어요.

 "그거 좋은 생각이에요! 그럼 당신의 특기인 벌꿀 파이 가게를 여는 게 어때요? 곤충 가족들은 건강도 챙기고 맛있는 간식도 먹을 수 있으니 장사가 아주 잘 되지 않을까요?"

"좋아요! 얼른 추진해 봐요."

그리하여 얼마 후, 곤충 마을에 조그마한 가게가 문을 열었습니다. 언덕 위 작은 집에 붕붕이네 엄마와 아빠가 운영하는 벌꿀 파이 가게가 탄생한 거예요.

비록 작고 아담한 가게였지만, 붕붕이네 가족은 열심히 일했습니다. 그런 가족들의 정성이 통했는지, 차츰차츰 붕붕이네 벌꿀 파이

가게에 손님이 늘어가기 시작했어요. 한번 벌꿀 파이를 맛본 손님들은 그 맛을 잊을 수가 없어 다시 가게를 찾게 되었어요.

붕붕이네 벌꿀 파이는 어느새 곤충들의 입에서 입으로 전해져 유명해졌습니다. 멀리 다른 마을에서도 벌꿀 파이를 맛보려고 일부러 찾아온 손님들로 가게는 온종일 북적북적 발 디딜 틈이 없었어요.

붕붕이 엄마는 곤충 가족 손님들에게 벌꿀 파이의 좋은 점을 설명했어요.

"벌꿀은 피부 건강, 피로 해소, 면역력 향상, 에너지 증진, 편안한 수면 유지는 물론, 체중 감소 촉진, 콜레스테롤 수치 조절, 천식 치료 등에도 큰 효과가 있답니다. 이것은 벌꿀 연구소에서 오랫동안 연구한 결과니 믿을 수 있지요. 그런 벌꿀을 듬뿍 넣어 유기농 밀가루로 만든 이 벌꿀 파이는 맛있고 건강에도 매우 좋은 최고의 영양 간식이죠."

맛있는 벌꿀 파이를 먹고 건강도 좋아졌다는 소문이 온 나라로 퍼졌고, 벌꿀 파이는 날개 돋친 듯 팔려 나갔어요. 각종 언론 매체에서는 붕붕이네 가게의 성공 비법을 앞다투어 취재해 갔답니다.

그러던 어느 날, 옆 동네 연못 마을에 사는 잠자리 아저씨가 붕붕이네 벌꿀 파이 가게를 찾아왔어요.

"안녕하세요? 이렇게 뵙게 되어 영광입니다. 실은 제가 벌꿀 파이 가게의 분점을 내고 싶어서 찾아왔습니다."

"분점을 내고 싶다고요? 흠. 우리도 분점을 내는 것을 생각해 보지 않은 것은 아니지만, 사업 확장이라는 게 결코 만만한 일이 아니라서요."

붕붕이 아빠는 좀 더 구체적으로 알아보고, 조만간 다시 연락을 하기로 했어요.

붕붕이네 엄마와 아빠는 이것저것 알아보기 시작했어요. 사업을 확장하려면 해야 할 일이 아주 많거든요. 우선, 붕붕이네 엄마와 아빠는 사업 확장에 필요한 돈을 빌리기 위해 곤충 마을 은행을 찾아갔어요.

"돈을 좀 빌리고 싶은데, 가능할까요?"

"네, 가능합니다. 하지만, 벌꿀 파이 가게는 규모가 작아서 신용도가 낮군요."

"저런. 게다가 무슨 이자가 이렇게나 비싸죠? 휴~."

붕붕이 엄마가 한숨을 쉬었어요. 결국 붕붕이 엄마, 아빠는 돈을 빌리지 못하고 터덜터덜 집으로 돌아올 수밖에 없었습니다.

며칠 후, 잠자리 아저씨가 다시 붕붕이네 집을 찾아왔어요. 지금까지의 이야기를 듣고 난 잠자리 아저씨가 말했어요.

"그럼 이 방법은 어떨까요? 벌꿀 파이 가게를 주식회사로 운영하는 거죠."

잠자리 아저씨의 새로운 제안에 붕붕이 아빠, 엄마가 합창하듯 다시 묻습니다.

"주식회사라고요?"

"네. 개인 투자자들을 모아 그들에게 주식을 발행하고, 그 자본으로 운영을 하는 거죠. 회사 주식을 가진 '주주'들은 그 회사의 공동 주인의 자격을 얻게 되는 거예요."

"그럼, 주주들에게는 어떤 이점이 있죠?"

"회사가 그 자본을 가지고 운영하여 얻은 수익을 나눠 받을 수 있죠. 이를 배당금이라고 해요."

"그렇다면, 우선 투자자들을 모아야 하겠군요."

붕붕이 엄마가 맞장구를 쳤습니다.

붕붕이네 엄마와 아빠는 '붕붕이 벌꿀 파이 주식회사' 운영을 위해 투자자들을 모집하기 시작했어요. 다행히 벌꿀 파이 가게의 명성을 익히 알고 있는 많은 곤충과 동물들이 벌꿀 파이 주식을 사들였어요. 덕분에 붕붕이네는 사업 확장에 필요한 자금을 많이 모을 수 있었답니다.

금융 이야기
주가가 오르면

　〈붕붕이네 벌꿀 파이 가게〉에서 붕붕이 엄마와 아빠는 벌꿀 파이 가게를 열고 열심히 일하면서 벌꿀이 건강 증진에 효과가 있다는 '벌꿀 연구소의 벌꿀 효능 연구' 결과를 활용해 홍보하고 있어요. 벌꿀 파이가 맛도 좋고 건강에도 긍정적인 효과가 있다는 소문이 나면서 날개 돋친 듯 팔려 나갔어요. 그리고 잠자리 아저씨의 제안으로 주식을 발행하여 분점을 내는 데 필요한 자금을 모을 수 있게 되었지요.

　기업을 세우려면 돈이 많이 듭니다. 그래서 회사는 주식을 발행하여 일반인에게 팔아 경영에 필요한 자금을 구해요. 이렇게 주식을 발행해 모은 돈으로 설립된 회사를 '주식회사'라고 한다고 했지요. 붕붕이네도 작은 가게에서 시작해 주주들을 모으고 주식을 발행해 '붕붕이 벌꿀 파이 주식회사'가 되었어요. 붕붕이네 회사의 주가는 앞으로 많이 오를까요?

　주가, 즉 주식의 가격은 기업의 가치가 오르거나 내려갈 때 변해요. 그래서 여러 회사들의 주식 종목마다 가격이 다르고, 같은 종목이라도 하루 동안 여러 번 값이 오르내리기도 해요.

주식 시장에서는 주식을 팔고 사는 행위가 이루어져요. 내가 보유한 주식을 파는 것을 '주식 매도(돈을 받고 소유권을 넘김)'라 하고, 내가 일정한 가치를 지불해 사고 싶은 주식을 사는 것을 '주식 매수(물건을 사들임)'라고 합니다. 또, 사람들이 주식을 사는 것을 '주식에 투자한다'라고도 하죠. 은행에 예금을 해서 돈을 불리는 방법도 있지만, 주식에 투자해서 예금 이자보다 훨씬 많은 이익을 얻을 수도, 반대로 손해를 볼 수도 있습니다. 주식 거래는 증권 시장에 수많은 개인과 기업들이 참여하여 실시간으로 이루어져요.

우리가 시장이나 편의점, 카페 등에서 구매하는 물건은 가격이 이미 정해져 있지만, 주식은 수요와 공급에 따라 그 가치가 계속 변하기 때문에 이로 인해서 수익을 창출할 수 있게 돼요. 결국, 주식을 싼 가격에 매수하여 비싼 가격에 매도하는 것이 수익 창출의 길이라고 할 수 있어요.

주식 시장

　TV, 운동화, 연필 등은 백화점이나 마트에 가면 살 수 있어요. 하지만 주식은 주식 시장에서 사고팔지요. 만약 주식 시장이 없다면 어떻게 될까요? 주식을 사려면 주식을 갖고 있는 사람들을 직접 찾아다니며 흥정을 해야겠지요. 그러자면 번거로울 뿐만 아니라 많은 시간과 노력이 필요할 거예요. 그렇게 되면 사람들은 주식 사는 것을 꺼리게 될 테고, 좋은 아이디어나 기술이 있어도 돈이 부족한 사람들은 회사를 만들기가 어려워질 거예요. 새 상품을 생산하는 것도, 새로운 일자리를 마련하는 것도 마찬가지지요.

　'증권 거래소'와 '코스닥 시장'이란 말을 뉴스에서 들어 봤지요? 바로 주식을 사고파는 주식 시장을 말해요. 안정적으로 주식 거래를 할 수 있게 정부에서 만든 곳인데, 두 가지는 조금 차이가 있어요.

　증권 거래소는 대체로 오래전에 세워진, 규모가 큰 회사들의 주식을 사고파는 곳이고, 코스닥 시장은 비교적 규모가 작고 최근에 만들어진 회사들의 주식을 사고파는 곳이에요. 증권 거래소는 비교적 안정적인 주식을 취급하는데 반해, 코스닥 시장은 아이디어가 참신하거나 첨단 제품을 만드는 회사의 주식을 취급합니다. 그래서 이 코스닥 시장에서 하는 주식 거래가 증권 거래소에서 하는 주식 거래보다 위험성이 높아요. 하지만 성공할 경우 수익도 매우 높기 때문에 이를 '벤처venture: 모험 주식'이라고 하죠.

어떤 상품을 실수로 잘못 구매했다면 교환이나 결제 취소를 비교적 쉽게 할 수 있지만, 주식 거래는 그게 어려워요. 그래서 자신이 사려는 회사의 가치에 대한 정보를 잘 알고 있어야 해요. 주식 거래를 할 때는 순간적으로 판단해야 하는 경우가 많아서 짧은 시간에 많은 돈을 벌 수도 있지만, 어떤 때는 큰 손해를 보게 되기도 하죠. 그래서 정확히 판단하고 신중하게 거래해야 한답니다.

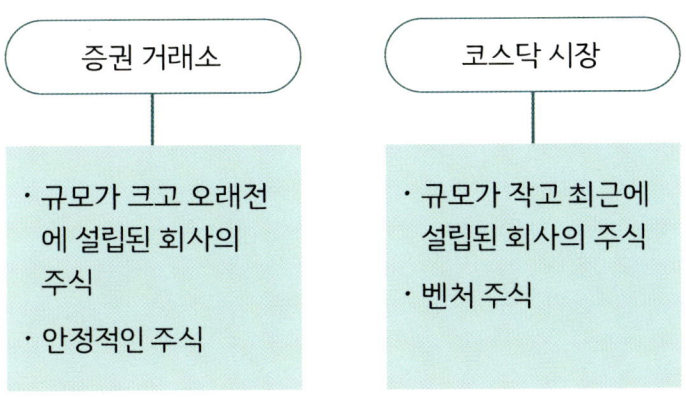

8장

돈 쓰는 방법

- 부자가 되는 돈 잘 쓰는 방법
- 부자가 되는 길
- 돈을 쓸 때 주의할 점
- 속담으로 배우는 돈 쓰는 지혜

부자가 되는 돈 잘 쓰는 방법

 부자가 되려면 돈을 많이 버는 것도 중요하지만, 번 돈을 잘 쓰는 것이 더 중요하죠. 짜임새 있게 효과적으로 돈을 잘 쓰는 비법을 철저하게 실천해야 해요. 이런 비법에는 어떤 것이 있는지 살펴볼까요?

첫째, 지출을 최대한 줄여라.

 돈을 불릴 수 있는 가장 좋은 방법은 지출을 줄이는 거예요. 지출을 줄이지 않으면 돈을 모을 수가 없어요. 누구나 새로운 것을 보면 사고 싶은 욕구가 있지만 이 욕구를 무작정 따를 것이 아니라 이성적으로 판단할 줄 아는 힘을 길러야 합니다.

 돈을 잘 쓰려면 선택을 잘해야 해요. 좋은 선택을 하려면 내게 중요한 것이 무엇인지 알고 계획을 먼저 세워야 하죠. 지출을 줄이기 위해서는 지출 계획을 세워서 실천에 옮겨야 해요. 언제, 어디에, 어떻게, 얼마나 써야 할지 미리 정해 놓고 쓰는 습관을 기르는 것이지요.

둘째, 용돈 기입장을 작성하라.

우리가 쓸 수 있는 돈은 한정되어 있기 때문에 사고 싶은 것을 모두 살 수는 없어요. 후회 없는 선택을 하려면 자신이 가진 용돈의 범위 내에서 지출 계획을 세워 그대로 실천하는 것이 중요해요. 새는 돈을 막기 위한 가장 좋은 방법은 용돈 기입장을 작성해 보는 거예요. 용돈 기입장을 작성하면 내가 용돈을 언제 받아 얼마를 쓰고 얼마를 저축할 수 있을지 좀 더 쉽게 예상할 수 있고, 이렇게 저축해서 모은 용돈을 어떻게 사용할지 계획을 세울 수도 있어요. 어릴 때부터 용돈 기입장을 쓰는 습관을 들이면 부자가 되지 않을 수 없을 거예요.

셋째, 돈을 우선순위에 따라 써라.

살 물건을 중요도에 따라 A, B, C로 분류하여 중요한 것부터 지출하는 방법이에요. 예를 들어, A는 '반드시 필요한 것'으로 학용품, 간식 등을 들 수 있고, B는 '상황에 따라 필요한 것'으로 친구 생일 선물, 다이어리 스티커 등이 있어요. C는 '있어도 되고 없어도 되는 것'으로 머리핀 같은 각종 장식품 등이 그 예에요. 이렇게 하면 낭비 지출 항목을 찾아내어 불필요한 지출을 하지 않게 되죠. 이를 꾸준히 실천하다 보면 어느새 부자가 되어 있을 거예요.

부자가 되는 길

　부자가 되는 길을 찾기란 복잡하고 힘들기만 할까요? 그렇지는 않아요. 부자가 되는 길로 들어서기는 그렇게 어렵지 않지만, 그 길을 꾸준히 걸으며 실천하는 게 어렵지요. 그러면 부자가 되는 길에는 어떤 것이 있는지 살펴보고, 우리 모두 부자가 되어 볼까요?

첫째, 저축을 먼저 하고 소비는 나중에 하라.
　쓰고 남는 돈을 저축하는 것이 아니라 처음에 돈을 떼어서 먼저 저축한 다음에 나머지 돈으로 소비를 해야 돈을 모을 수 있어요.

저축이 어려운 가장 큰 이유는 얼마를 버는지는 알면서, 얼마를 썼는지는 잘 모르기 때문이에요. 그래서 매달 얼마씩 저축해야 할지 망설이게 되는 거지요.

둘째, 낭비 지출 항목을 최대한 줄여라.

낭비 지출한 돈은 용돈 기입장에 빨간색 줄을 쳐 표시해서 철저하게 경계해야 해요. '이 정도야 괜찮겠지'라며 대수롭지 않게 생각하면 낭비가 금방 습관으로 굳어질 수 있어요. 일회성 충동구매를 없애는 것도 매우 중요해요. 총지출에서 낭비 지출이 20%를 차지한다면 20%를 낭비하고 있다는 뜻이죠. 현명한 지출을 위한 가장 강력하면서도 유일한 도구가 용돈 기입장이라는 것을 명심하고 잘 활용하세요.

셋째, 절제를 생활화하라.

먹을 것 다 먹고, 놀 것 다 놀고, 살 것 다 사면서 부자가 된 경우는 없어요. 돈이 생기면 쓸 생각부터 하는 것은 버려야 할 나쁜 습성이에요.

부자는 돈이 '늘어나는 것'을 보고 마냥 즐거워해요. 돈을 늘리는 맛이 난다고 하면서요. '있는 사람이 더하다', '부자는 줄어드는 꼴을 못 본다'는 말이 그래서 나온 거예요. 이처럼 돈이 늘어나는 기쁨을 계속 맛보겠다는 마음으로 돈을 항상 더 늘리려고 노력하는 것이 중요해요.

넷째, 자기 돈에 신경 쓰고, 남의 돈에는 신경 쓰지 말라.
친구 용돈이 얼마인가에 신경 쓰지 않는 게 중요해요. 다른 사람의 돈에 관심을 가져 봤자 스트레스만 받죠. 부러움과 질투가 행복을 갉아먹어요. 우선 내가 가진 것에 집중하되, 남의 것도 소중히 여기는 자세가 필요해요.

돈을 쓸 때 주의할 점

 돈을 쓸 때는 주의 깊고 신중해야 해요. 왜 그래야 할까요? 그래야 부자가 될 수 있기 때문이에요. 돈을 효과적으로 쓰면 더 풍요롭고 윤택한 경제생활이 가능해요. 그럼, 돈을 쓸 때 주의할 점에는 어떤 것이 있는지 살펴볼까요?

첫째, 자산에 집중하라.

 자산이란 토지, 건물, 금전 따위의 재산을 말해요. 학생들에게 자산이란 무엇일까요? 공부를 좀 더 체계적으로 하는 데 도움이 되는 학습 도구, 즉 태블릿 PC나 노트북, 스마트폰 등이 있겠지요. 이런 것들은 워낙 비싸기 때문에 한두 달 용돈으로는 마련할 수 없을 거예요. 그래서 이런 기기를 스스로 마련하려면 특별한 계획을 세워 노력해야 하지요. 또, 군것질 줄이기나 충동구매 안 하기 등 절제하는 생활 습관도 실천해야 하고요. 그렇게 해서 내 자산의 바탕이 될 '종잣돈'을 마련하는 것이 중요해요.

둘째, 부채를 빨리 내던져라.

자산은 내 주머니에 돈을 넣어 주는 것이지만, 부채는 돈을 뺏어 가는 거예요. 용돈을 짜임새 있게 쓰지 못해서 부모님께 몇 달 치 용돈을 미리 앞당겨 받아 쓰는 것, 친구들로부터 돈을 빌려 쓰는 것 등은 남에게 빚을 지는 부채예요. 부채는 생활에 엄청난 부담이 돼요. '오뉴월 품앗이도 먼저 갚으랬다'라는 속담이 있어요. 예전엔 농사를 지을 때 힘든 일을 서로 거들어 주면서 품(어떤 일에 드는 힘이나 수고)을 지고 갚는 '품앗이'를 했어요. 이때 제때 품을 갚지 않으면 빚이 되기 때문에 큰 부담이 되었지요. 그래서 부채, 즉 빚은 빨리 갚는 것이 가장 좋다는 것을 강조한 속담이 생긴 거예요.

셋째, 저축과 투자를 구분해서 실행하라.

'티끌 모아 태산'이라는 속담도 있듯이 저축을 하면 한 푼 한 푼 모아서 목돈을 만들 수 있어요. 보통 은행이나 농협, 수협, 신협 등 금융 기관에 일정 기간을 정해 놓고 돈을 맡기는 예금을 하지요.

✦ 예금의 종류

예금에는 크게 정기 예금, 정기 적금, 자유 적금이 있어요.

(1) 정기 예금

목돈을 한 번에 넣었다가 만기(정한 기한이 끝났을 때) 때 원금과 이자를 받는 거예요. 예를 들어, 100만 원을 예금한다면 100만 원을 한 번에 은행에 넣고 정해진 기간 동안 중도에 찾지 않고 두었다가 만기일에 정해진 이자 수익을 얻고 원금도 찾게 되지요.

(2) 정기 적금

정해진 기간 동안 매월 일정한 금액을 넣고 만기일에 약속되었던 약정 금액을 받아요. 예를 들어, 3년 만기 적금이라면 3년 동안 매달 만 원씩 은행에 넣고 중간에 찾지 않고 두었다가 만기일에 정해진 이자 수익과 원금을 찾게 돼요.

(3) 자유 적금

매월 액수에 제한 없이 자유롭게 여윳돈이 생기는 대로 넣은 후 원금과 이자 수익을 찾는 거예요.

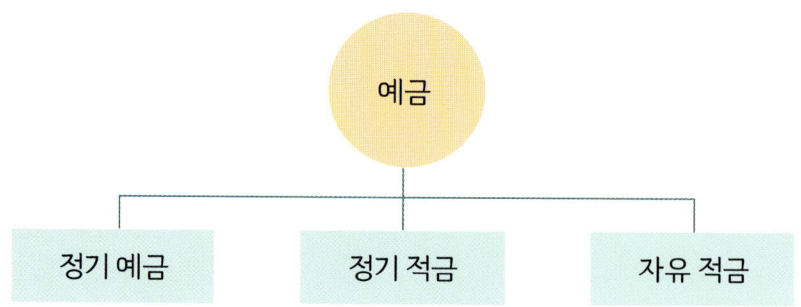

✦ 투자

예금과는 달리 특정한 이득을 얻을 목적으로 자본을 제공하는 것을 투자라고 해요. 은행 이자율이 별로 높지 않은 시기에는 투자에 관심이 더 높아져요. 기업에 자금을 대는 주식을 살 경우 투자를 잘못하면 원금을 잃게 될 위험은 있지만 은행 이자율보다 높은 투자 수익을 얻기도 해요. 그래서 사람들은 조금이라도 돈을 더 벌기 위해 위험을 감수하고 주식이나 채권을 사는 투자를 하게 되는 거예요.

그런데 초보자들은 어떤 주식이 좋은지, 언제 사는 게 좋은지

알기가 매우 어렵지요. 그래서 투자 전문가들이 투자 자금을 받아 대신 관리를 해주는 경우가 있어요. 이렇게 투자 자금이 모인 것을 '펀드'라고 하는데, 은행 등 금융 기관에서 말하는 펀드는 돈을 모아 기업에 투자하는 것을 말해요. 이런 펀드를 관리해 주는 사람을 '펀드 매니저'라고 해요.

 펀드 매니저는 우리를 대신해 주식 투자를 해주고, 그 대가로 투자 금액의 1% 정도의 수수료를 받지요. 전문성이 없고 시간에 쫓기는 사람들은 낮은 은행 이자율로 돈을 벌기보다는 약간의 위험 부담은 있지만, 은행 이자율보다 더 높은 투자 수익을 얻기 위해 펀드 매니저를 통해 자신의 돈을 관리하기도 해요. 선진국에서는 어른들은 물론 어린이들에게도 펀드 투자가 매우 일반화되어 있어요.

이때 주의할 점은 예금은 원금이 보장되지만 투자는 보장되지 않는다는 사실이에요. 투자는 원금 손실을 보더라도 높은 수익을 위해 돈을 넣어 두는 것이기 때문이에요. 넣어 두는 기간은 어느 정도가 좋냐고요? 직접 주식이나 펀드를 살 경우 기업에 자금을 대는 것이므로 은행 예금보다 장기로 하는 것이 좋아요. 목표 기간이 5년 미만이면 저축, 5년 이상은 펀드에 예치하는 게 좋지요. 그렇지만 막연하게 '어떻게 되겠지' 하는 기대만으로 투자 상품을 저축으로 착각하고 장기 보유하는 것은 매우 나쁜 투자 습관임을 명심해야 해요.

속담으로 배우는 돈 쓰는 지혜

　속담에 '버는 자랑 말고 쓰는 자랑 하랬다', '돈은 모으기보다 쓰기가 더 어렵다'는 말이 있어요. 돈을 모으기는 어렵지만 어렵게 모은 돈을 필요한 시기에 필요한 액수만큼 필요한 곳, 필요한 사람을 위하여 규모 있게 잘 쓰는 것이 매우 어렵다는 점을 지적하고 있지요. 또 다른 속담 속 돈 쓰는 지혜에는 어떤 것들이 있을까요?

　첫째, '아끼다 똥 된다'는 속담이 있어요. 돈이든, 물건이든, 재주든 다 쓸 때가 있는데, 아끼기만 하고 사용하지 않으면 녹슬고, 곰팡이가 생기고, 두뇌 회전이 잘 되지 않아 쓸모가 없어지게 되는 상황을 지적한 거예요. 지금 나에게 필요성이 덜한 것을 필요한 이웃들에게 나누어 주면, 나중에 그것이 복이 되어 나에게 되돌아와요. 그렇지만 아끼기만 하고 붙들고 있으면 결국 나중에 쓸모없는 물건이나 필요성이 적은 돈이 되어 아무 곳에도 소용없는 '똥'이 되는 것이지요. 너무 아껴서 움켜쥐고 숨겨 두기만 하다가 쓸 시기를 놓쳐서 아까워하기 전에 그때그때 필요한 곳에 쓰는 것이 자신뿐 아니라 사회와 국가를 위해서도 중요해요.

　둘째, '기와 한 장 아끼다가 대들보 썩힌다'는 속담이 있어요. 비숫한 속담으로 '호미로 막을 것을 가래로 막는다', '좁쌀만큼 아끼다가 담 돌(담장 돌)만큼 해 본다'가 있어요. 작은 것을 아끼다가 정작 큰 것을 잃어버리는 경우를 꼬집은 속담들로, 소비의 시기와 규모를 강조한 거예요. 제때 바늘 한 땀, 실 한 뼘이면 될 것을 게으름 피우고 미루다 옷이나 이불 등이 크게 터진 다음에야 때늦은 후회를 하며 허둥대는 모습을 떠올려 보세요. 최소의 수익을 챙기려다 최대의 손실을 입게 되는, 경제 원칙과 배치되는 행동을 경계하는 속담입니다.

셋째, '절약만 하고 쓸 줄 모르면 친척도 배반한다'는 속담이 있어요. 비슷한 속담으로 '술 담배 참아 소 샀더니 호랑이가 물어 갔다', '중의 망건값 안 모인다'가 있죠. 인간관계마저 외면한 채 수단 방법을 가리지 않고 돈을 벌기만 하다가 정작 돈을 쓸 시기를 놓쳐 무용지물이 되고, 돈이 있어도 아무 소용없는 어려운 경우를 당하게 됨을 지적한 속담이에요. 경제에서 생산과 소비의 순환 구조를 무시한 소비를 비판한 것이기도 하지요.

절약은 분명 미덕이지만 모든 사람이 불확실한 경제 상황에 대비하여 지나치게 절약만 하는 생활을 계속한다면 어떻게 될까요? 소비가 줄어드니 생산은 너무 많아지고(소비 감소, 생산 과잉), 팔리지 못한 물건이 쌓여(재고) 물건 생산 시간을 줄이게 되니(조업 단축) 기술 개발을 중단하게 되어 결국은 실업이 증가하게 됩니다.

일자리를 잃었으니 소득이 줄어들겠지요? 소득이 적어지면 소비를 줄이게 되고요. 결국 지금까지의 과정이 또 되풀이됩니다. '빈곤의 악순환'이 발생하는 거예요.

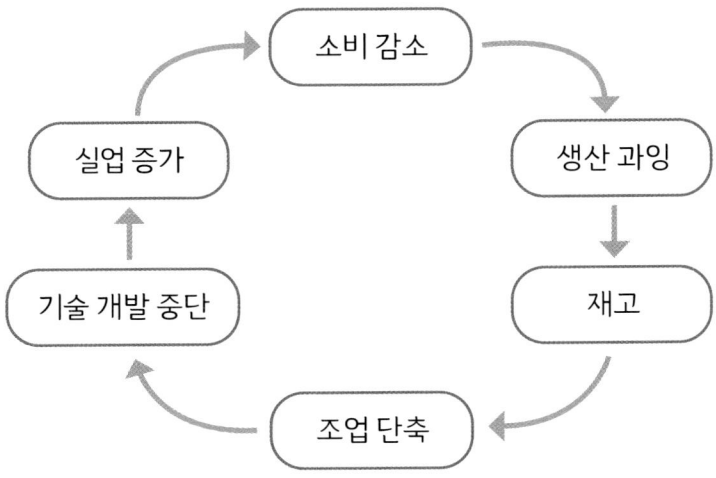

분수에 맞는 소비, 상황과 시기에 맞는 지출은 이웃과 나라 전체의 균형과 지속적인 경제 발전을 위해 매우 중요하답니다.

쏙쏙! 금융 용어

기회비용
어느 하나를 선택함으로써 포기하지 않으면 안 되는 기회의 가치를 말합니다.

배당금과 우량주
주식 투자자에게 주는 회사의 이익 분배금을 '배당금'이라고 합니다. '우량주'는 회사의 수익성이 좋고 경영도 잘 되어 주주에게 배당금을 많이 줄 수 있는 회사의 주식을 말합니다.

베블런 효과(Veblen Effect)
물건 가격이 오르는데도 오히려 수요가 높아지는 현상입니다.

비용 편익 분석
한 대안에 투입될 비용과 그 대안으로 인해 거둘 편익(수익)이 얼마나 될지를 추정·비교해서 그 안의 채택 여부를 결정하는 것입니다.

자산
토지, 건물, 금전 따위의 재산을 말합니다.

적금
'정기 적금'은 정해진 기간 동안 매월 일정한 금액을 넣고 만기일에 정해진 이자 수익과 원금을 받는 것을 말합니다. '자유 적금'은 매월 액수를 본인이 자유롭게 넣은 후에 원금과 이자를 받는 것입니다.

적립식 펀드
은행에 적금하듯 일정 기간마다 일정 금액을 나누어 주식에 투자하는 것입니다.

정기 예금
'정기 예금'은 목돈을 한 번에 넣었다가 만기(정한 기한이 끝났을 때) 때 원금과 이자를 받는 것입니다.

종잣돈(seed money)
이자나 이익을 얻기 위해서 투자를 시작하는 밑천이 되는 돈을 말합니다.

주가와 시장가
주식의 실제 가격을 '주가'라고 하는데, 이 주가가 실제 주식 시장에서 거래되는 가격을 '시장가'라고 합니다.

주식 매도와 매수
보유한 주식을 돈을 받고 파는 것을 '주식 매도'라 하고, 일정한 가치를 지불하고 내가 사고 싶은 주식을 사는 것을 '주식 매수'라고 합니다.

주식과 주주
주식이란 주식회사의 자본을 이루는 단위로, 주식회사의 소유권을 나타내는 증서를 말합니다. 이런 주식을 가지고 있는 사람들을 주식의 주인, 즉 '주주'라고 합니다.

증권 거래소
주로 오래전에 만들어지고 규모가 큰 회사들의 주식을 사고파는 주식 시장으로, 이곳에서는 일반적으로 안정적인 주식이 거래됩니다.

코스닥 시장
비교적 규모가 작고 최근에 만들어진 회사들의 주식을 사고파는 곳입니다. 여기서 거래되는 주식을 '벤처 주식'이라고 하는데, 위험성도 높지만 성공할 경우 수익률도 높기 때문입니다.

통화
한 나라 안에서 통용되고 있는 화폐를 통틀어 '통화'라고 합니다. 통화는 두 가지로 나누어지는데, 동전이나 지폐를 말하는 '현금 통화'와 금융 기관에 맡기는 예금을 말하는 '예금 통화'가 그것입니다.

펀드와 펀드 매니저
투자 자금이 모인 것을 '펀드'라고 하는데, 금융 기관에서 말하는 펀드는 돈을 모아 기업에 투자하는 것을 말합니다. 이런 펀드를 관리해 주는 사람을 '펀드 매니저'라고 부릅니다.

희소성
인간의 소유 욕구에 비해 그 양이나 질이 '드물고 적다'라는 뜻으로, 경제와 관련된 모든 문제는 바로 이 희소성에서 시작됩니다.

〈참고 문헌〉

- 김상규 『생각학교 초등 경제 교과서 1~5권』 사람in
- 김상규 『속담 먹고 경제 잡고』 공동체
- 김상규 『캥거루족, 주머니에서 탈출』 그루
- 김상규 『왜 세상에는 가난한 사람과 부자가 있을까요?』 나무생각
- 김상규 "김상규 교수의 동화로 배우는 경제" 소년한국일보 연재
- 네이 마사히로 『세계를 움직인 경제학 명저88』 한국경제신문사
- 라파엘 배지아그 『억만장자 시크릿』 토네이도
- 존 롤즈 『정의론』 이학사
- 장 자크 루소 『사회계약론』 삼성출판사, 예림당
- 버나드 리테어 『돈 그 영혼과 진실』 참솔
- 버나드 맨더빌 『꿀벌의 우화』 문예출판사
- 멘슈어 올슨 『지배권력과 경제번영』 나남출판
- 모리스 H. 돕 『자본주의 발전연구』 광민사
- 르드비히 폰 미제스 『경제적 자유와 간섭주의』 자유기업센터
- 르드비히 폰 미제스 『자유주의』 자유기업센터
- 존 스튜어트 밀 『자유론』 삼성출판사
- 박철용 외 『중학교 행복한 금융투자교실』 전국투자자교육협의회
- 박형준 외 『중학교 생활 금융』 금융감독원
- 윌리엄 번스타인 『부의 탄생』 시아
- 막스 베버 『사회경제사』 삼성출판사
- 막스 베버 『프로테스탄티즘의 윤리와 자본주의 정신』 길
- 소스타인 베블런 『유한계급론』 우물이있는집
- 브라이언 아서 『복잡계 경제학 1』 평범사

- 사마천 『史記』 아이템북스
- 사마천 『사기열전』, 「화식열전:貨殖列傳」 연암서가
- 사마천 『사기열전 1』, 『사기열전 2』, 『사기열전 3』 민음사
- (사)한국YECA연합회 『금융교실』 (사)한국YECA연합회
- 제프리 D. 삭스 『문명의 대가』 21세기북스
- 애덤 스미스 『도덕감정론』 한길사
- 신동준 『사마천의 부자경제학』 위즈덤하우스
- 오영수 『30일 역전의 경제학』 이담북스
- 이재규 『재미있는 기업이야기』 21세기북스
- 조지 베일런트 『행복의 조건』 프런티어
- 존 로크 『통치론』 삼성출판사
- 존리 『존리의 금융문맹 탈출』 베가북스
- 존 케네스 갤브레이스 『경제사여행』 고려원
- 장경호 외 『고등학교 생활금융』 금융감독원
- 천상희 외 『우리 아이 첫 돈 공부』 오리진하우스
- 밀튼 프리드만 『화려한 약속, 우울한 성과』 나남
- 밀튼 프리드만 『자본주의와 자유』 형설출판사
- 프리드리히 A. 하이에크 『자본주의냐 사회주의냐』 문예출판사
- 한진수 외 『초등학교 슬기로운 생활금융』 금융감독원
- 새뮤얼 헌팅턴 『문명의 충돌』 김영사
- 스티븐 호킹 『시간의 역사』 삼성출판사
- 프랜시스 후쿠야마 『역사의 종말』 한마음사
- 프랜시스 후쿠야마 『트러스트』 한국경제신문사

- Buchholz, T. G.(1989). *New Ideas from Dead Economists*. A Plume Book.
- Deaton, A.(2013). *The Great Escape-health, wealth, and the origins of inequality*. Princeton University Press.

- Fukuyama, F.(1995). *TRUST: The Social Virtues and the Creation of Prosperity.* New York : A Free Press Paperbacks Book.
- Fusfeld, D. R.(1986). *The Age of the Economist(5th ed.).* Tower Press.
- Galbraith J. K.(1978). *The Age of Uncertainty.* Houghton Mifflin.
- Gwartney, J.(2005). *Common Sense Economics.* St. Martin's Press.
- Hochman, H. M. and Rodgers, J. D.(1969, September). "*Pareto Optimal Redistribution,*" American Economic Review, Vol. 59, No. 4.
- Keynes, J. M.(1936). *The general theory of employment, interest and money.* Macmillan.
- Laura Brady(2005), *A Girl's Guide to Money.* Ulysses Press.
- Levi, M.(1985). *Thinking Economically : How Economic Principles Can Contribute to Clear Thinking.* Basic Books.
- Marshall, A.(1890). *Principles of Economics.* Macmillan & Co Ltd.
- Mankiw, N. G.(2013). *Principles of Economics(Asian Edition).* Cengage Learning.
- Milton & Rose Friedman(1980). *Free to Choose.* Harcourt Brace Jovanovich.
- North, D. C.(1990). *Institutions, Institutional Change and Economic Performance.* Cambridge University Press.
- Olson, M.(1996, Spring). "*Big bills left on the sidewalk : why some nations are rich, and others poor,*" Journal of Economic Perspectives, Vol.10, No. 2.
- Rawls, J.(1971). *A theory of Justice.* Harvard University Press.
- Schumpeter, J. A.(1942). *Capitalism, Socialism and Democracy.* Harper & Row.
- Smith, A.(1776), Edited by R. H. Campbell and A. S. Skinner. *An Inquiry into the Nature and Causes of the Wealth of Nations.* Clarendon Press
- Thurow, L. C.(1985). *The Zero-Sum Solution.* Simon and Schuster Inc.

〈언론 기사 및 기타〉

- "노벨상 휩쓴 유대인의 힘, 어디서 나오는 것일까?", NEXT ECONOMY, 2018.06.03.
- "마지막 '버핏과의 점심'은 246억원", 네이트뉴스, 2022.06.18.
- "미국 401k처럼…한국도 '연금 백만장자' 길 열린다", 한국경제신문, 2022.06.19.
- "미국 주식 섹터별 대표 기업 및 2021년 수익률", https://donnamu13.com/12
- "오늘날 유대인의 위상을 만들어낸 '하브루타' 교육이란 무엇인가?" 조선에듀, 2022.02.09.
- '행복한 100세 시대' 위한 조건들' 한국경제신문, 2022.06.16.
- https://brunch.co.kr/@erniekim12/17
- http://www.nexteconomy.co.kr

〈사진 출처〉

- 셔터스톡 www.shutterstock.com
- creative commons creativecommons.org